点石成金

〔美〕唐纳德·特朗普 〔美〕罗伯特·清崎 著

宋宏宇 李君 译

四川人民出版社

readers-club

北京读书人文化艺术有限公司
www.readers.com.cn
出 品

致中国读者的一封信

亲爱的中国读者：

你们好！

今年是《富爸爸穷爸爸》在美国出版20周年，其在中国上市也已经整整17年了。我非常高兴地从我的中国伙伴——北京读书人文化艺术有限公司（他们在这些年里收到了很多读者来信）那里了解到，你们中的很多人因为读了这本书而认识到财商的重要性，从而努力提高自己的财商，最终同我一样获得了财务自由。

我很骄傲我的书能够让你们获益。20年后的今天，世界又处在变革的十字路口。全球经济形势日益复杂，不断涌现的"黑天鹅事件"加剧了世界发展的不确定性，人们对未来充满迷茫，悲观主义情绪正在蔓延。

而对于你们，富爸爸广大的中国读者来说，除了受世界经济的影响，还要面对国内经济转型的阵痛，这个过程艰苦而漫长。当然，为了成就这种时代的美好，你必须坚持正确的选择，拥有前进的智慧和勇气。这就需要你努力学习。此次修订除了对原来内容的更新，还增加了许多全新的小版块。这些小版块贯穿全书，可以看作是穿越时光的透视镜，它们从今天回望

1997年这本书诞生的时候，用今天的形势来印证富爸爸当初的理念。

最后，我还是要说，任何人都能成功，只要你选择这么做！

罗伯特·清崎

2017年6月

出版人的话

转眼间,"富爸爸"问世已20年,与中国读者相伴也已17余年。在中国经济和社会蓬勃发展的17余年间,"富爸爸"系列丛书的出版影响了千千万万的中国读者,有超过1000万的读者认识了富爸爸、了解了财商。在"富爸爸"的忠实读者中,既有在餐厅打工的服务员,也有执教讲堂的大学教授;既有满怀创业梦想的年轻人,也有安享晚年的退休人士。"富爸爸"的读者群体之广、之大,是我们不曾预料到的。

作为一套在中国风靡大江南北、引领国人创业创富的财商智慧丛书,"富爸爸"系列伴随和见证了千万读者的创富经历和成长历程,他们通过学习财商,已然成为中国的"富爸爸",这也是我们修订此书的动力。十几年来,"富爸爸"系列也在不断地增加新的"家族成员",新书的内容也越来越贴合当下经济的快速发展以及国内风起云涌的经济大潮,我们也在十几年的财商教育过程中摸索出了一套适合国内大众群体的"MBW"财商理论体系,即从创富动机、创富行为习惯、创富路径三方面培养学员的财商,增强大家和财富打交道的积极意识,提高抗风险的能力。

曾有一位来自深圳的学员告诉我,他当年就是因为读了《富爸爸穷爸爸》一书,并通过系统的财商训练,才在事业上取得了巨大的成功。难能可贵的是,成功后的他并没有独享财富,而是将自己致富的秘诀——"富爸爸"财商理念分享给了更多想要创业、想要致富、想要成功的人。

在"富爸爸"的忠实读者群中,类似的成功故事还有很多很多。在"富爸爸"的影响下,每一位创富的读者都非常乐意向更多的朋友传授自己从财商训练中获得的成功经验。

值此"富爸爸"20周年之际,作者的最新修订版再次契合了时代的发展、读者的需要。在经济金融全球化的发展与危机中,作者总结过去、现在和未来财富的变化与趋势,并重温了富爸爸那些简洁有力的财商智慧,在中华民族伟大复兴的新时代,"富爸爸"系列丛书将结合财商教育培训,为读者带来提高财商的具体办法,以及在中国具体环境下的MBW创富实践理论。丛书的出版公司北京读书人文化艺术有限公司将和相关的财商教育培训机构一起,从图书、财商游戏、财商培训、财商俱乐部等多角度多方面,打造出一个立体的"富爸爸",不仅要从财商理念上引导中国读者,更要在实践中帮助中国读者真正实现财务自由。读者和创业者可以通过登录官方网站:www.readers.com.cn及www.fubaba.com,或关注读书人俱乐部微信,来了解更多有关"富爸爸"系列丛书和财商培训的信息。

正如富爸爸在书中所说,世界变了,金钱游戏的规则也变了。对于读者和创富者来说,也要应时而变,理解金钱的语言、学会金钱的游戏。只有这样,你才能玩转金钱游戏,实现财务自由。

汤小明

2017年4月

读书人俱乐部

谨以此书献给
那些经过百折不挠的奋斗并终获成功的企业家
和那些正坚定地走在创业路上的明日之星

你们的眼光和胆识将凝结成真正的点金之石
你们和你们的企业让本已如此繁荣的市场更加星光闪耀

是的，你行！

"我行吗？我能获得金手指并点石成金吗？"每个人都有追逐财富的梦想，每个人都渴望成功，但现实是只有10%的人富有，90%的人仍相对贫穷。到底是什么在阻碍我们致富？你是否为难以致富而怀疑自己？别怀疑，你行的。

我们正处在一个金融和科技双引擎高速发展的大财富时代，在这两个强劲引擎的带动下，个人创富的途径和机会变得更多元化、更普及化。它涵盖了诸多领域，如新型农业、现代交通、通讯、新能源产业、科技和互联网产业等。最新的福布斯富豪榜上，新兴产业中的年轻富豪不断崛起，普通人白手创富的趋势已越来越明显。这给了我们非常积极的信号：时代在召唤新的创富英雄！你就是自己人生的寻梦者、造梦者，梦想也将由你的双手实现。

但大财富时代中与机遇并存的还有风险、陷阱、不确定性，这让很多人感到疲惫和不幸福。大财富时代把创富考题更加严峻紧迫地摆在每个人面前。无论你积极、勇敢地去拥抱这个时代，还是消极、躲避，无可奈何地被裹挟在这股浪潮中，你都必须亲自给出答案。而如果你决定放手一搏，勇敢地成为大财富时代中的弄潮儿，力争加入那 10% 的富有人生，那么，你又该怎么去行动呢？

财商正是决定你走哪条道路的关键因素，它将是你变成穷人或者富人的分水岭。

本书作者罗伯特·清崎和唐纳德·特朗普在创富的道路上也曾失败过、挣扎过、屡败屡战，最终成就财富传奇。如今两人年过花甲，作为财商教育的践行者和倡导者，他们将个人成功的经验毫无保留地总结出来，打造成一套"金手指"，希望能激活每一个人身上潜藏的创富才能，提高大家的财商，帮助普通人找到石头变成金子的方法。金手指的五大要素会带你走出一条最适合自己发展的与众不同的道路！

北京读书人文化艺术有限公司董事长　汤小明

2013 年 9 月

目　录

序　言　与众不同的企业家……………………………………　1

第一章　金手指之大拇指：坚毅的性格………………………　7
　　　转危为安………………………………………………　8
　　　如果没有坏运气………………………………………　31
　　　精　粹…………………………………………………　47
　　　要点和行动……………………………………………　56

第二章　金手指之食指：专注…………………………………　57
　　　专注于竞争，专注于生意，专注于生活……………　58
　　　专注的力量……………………………………………　72
　　　精　粹…………………………………………………　84
　　　要点和行动……………………………………………　106

第三章　金手指之中指：品牌 ………………………… 109

真假劳力士 …………………………………… 110
名字的内涵 …………………………………… 130
精　粹 ………………………………………… 146
要点和行动 …………………………………… 159

第四章　金手指之无名指：合作 ……………………… 161

合作的风险 …………………………………… 162
富有成效的合作是成功的关键 ……………… 174
精　粹 ………………………………………… 185
要点和行动 …………………………………… 204

第五章　金手指之小拇指：决定成败的小事 ………… 205

小事亦大情 …………………………………… 206
奢华与细节 …………………………………… 229
精　粹 ………………………………………… 239
要点和行动 …………………………………… 255

序　言

与众不同的企业家

　　本书的主角是企业家，书中揭示了他们之所以出类拔萃、与众不同的奥秘。无论你是已经创业成功的企业家，还是打算成为企业家的创业者，它都值得一读。

　　这本书既不是老教授手中枯燥的《创业学原理》，也不是要你按部就班地去实现"规划"出来的成功。那些不切实际的理论和经验，书中只字未提。本书所讲述的内容都来源于那些在商场上经历过大起大落的实干家。在这里，你将看到真实的商业社会，以及企业家的笑与泪。

　　企业家敢想敢做、无论成败都勇往直前的精神，就是人们常说的"企业家精神"。这也正是他们异于常人和空想家的独有特质。

　　这本书从最初的构想到最终的出版，前后历经了近三年的时间。之所以花费这么多的心血，是因为我们坚信只有企业家才能为大众提供实实在在的工作岗位。当各国都面临着空前巨大的就业压力时，如何创造就业机会便成为全世界的头等大事。持续的高失业率不仅会引发一系列社会问题，最终还可能导致社会混乱。2011年的中东动荡就是最直接的例证：渴望就业的人们因缺少工作机会而把满腔热血都"洒"在了游行、示威和革命之中。随着出口速度放缓，中国政府也开始为潜在的数百万失业人口暗自担心。美国也不例外，目前正通过立法和高达数十亿美元的各类项目投资来努力提升就业率。

问题在于，无论美国还是其他国家，没有哪个政府能真正创造出就业机会，只有企业家才能做到这一点。他们透过迷雾放眼未来，一次次冒险前行，经历数度失败与成功，最终才把梦想变成现实。在这一过程中，他们通过创业为人们带来新的机遇和工作机会。

值得注意的是，学校并不是企业家的摇篮，而是企业员工的培训机构。正因为这样，人们才不停地说："好好读书，将来找份好工作。"不计其数的学生（包括MBA学员）最终都未能成为企业家，而是像流水线上的产品一样进入各类公司，扮演起螺丝钉的角色。此外，还有成千上万的毕业生背着一大笔助学贷款离开学校，却根本找不到工作。如今，大量的职场人士都承受着沉重的工作压力，要么找不到饭碗，要么怕丢掉手中的饭碗。男女老少，都是如此。此时，社会更需要企业家来建立企业、创造就业机会。

2007年席卷全球的金融危机堪称大萧条①之后最严重的经济事件，此后人们日夜期盼全球经济有朝一日能复苏。经济终究会复苏，但新经济体系绝对不再像之前那样。工业时代下的旧经济体系已经逝去，信息时代下的经济框架正在被不断地构筑起来。全球经济一体化的游戏规则也将重新被书写。旧经济体系下的观念——工作保障、养老金、社会福利及工会组织等——在信息时代将不复存在。

那些创建于工业时代的世界500强企业将逐渐褪去它们的光环，未来的500强企业正从这场金融危机的废墟中站起来。新的企业家将带领自己的企业为商业社会谱写新的篇章。

这本书正是写给现在及未来的企业家的。它不是教你如何做企业，而是为我们讲述如何才能成为一名成功的企业家。

身为企业家，我们想与你分享我们的思索与信念，以及过去几十年创业路上的成败与得失。在创业路上，有90%的人都没能坚持下来，可我们想代表那10%的成功者告诉你成功的关键所在。除了成功与财富之外，我们还收获了另一个伟大的成就：将企业打造成为国际知名品牌。相信满怀抱负的你也会对其中的秘诀很感兴趣吧。更重要的是，我们还将在书中解开"创业路上坚持不懈和不断挑战自我的动力"之谜。通过本书，你将看到我们是如何通过"金手指"点石成金的真实故事。同时，我们也希望你能学会我们的"点金术"，从而更快实现梦想。

---

① 指发生在1929年至1933年之间的全球性经济危机。——编者注

本书共分为五章，我们用人的五根手指依次为它们命名。在每章内容的安排上，我们通过不同的故事总结出"精粹"，并对其中的关键点进行客观的评述；我们还在每章最后的"要点和行动"部分提出有关具体实施的意见和建议。

人的五指恰如企业家获得成功所必备的五个要素。这些内容在学校的课本上是断然没有的。相信在掌握了全部要素之后，你就能明白为何在"创业"这条路上成功的人少之又少、失败的人却不计其数。

大拇指代表"坚毅的性格"。缺了它，企业家将无法承受创业路上突如其来的失败和打击。毕竟，在从无到有的创造过程中，危机和陷阱无处不在。

食指代表"专注"。如果你不够专注，成功永远只是一句口号、一场白日梦。

最长的中指代表"品牌"，即企业的内涵和外在形象。如果你的企业没有品牌号召力，点石成金永远都只是别人的故事，与你无关。

无名指代表"合作"，即怎样寻找合适的合作伙伴，怎样成为好的合作伙伴，以及如何建立各类关系网来获得成功。

小拇指代表"决定成败的小事"。这并非是简单地"着眼于小事"那么简单。只有对小事情给予足够的重视，它才会成长为给企业带来爆炸性增长的大事件。本书将会告诉你如何寻找那些具备成长潜力的"小事情"，让客户更加满意，使企业更加成熟。

单独来看，这五个要素都非常重要。当你掌握了全部要素并能够熟练运用它们的时候，点石成金的奇迹就会发生在你身上。这个世界需要企业家散发出这种耀眼的光芒。实际上，要想解决波及全球的就业难题，并为人们提供更舒适的生活、更完备的财务保障，这需要有更多的企业家涌现出来。我们期待着他们的出现，期待着他们上演点石成金的魔法。

唐纳德·特朗普　　　　　　　　　罗伯特·清崎

第一章

金手指之大拇指：坚毅的性格

"生活就像一块磨石。同样经过磨砺,有些人一蹶不振,有些人却光芒四射。"

——佚名

转危为安

罗伯特·清崎

2000年初,我和几个朋友在澳大利亚腹地旅行。虽然那里与现代文明社会隔绝,但风景却异常美丽。我花了将近一个星期的时间才到达目的地。

到达澳洲的第一个晚上,我的卫星电话响了起来。我拿起电话,是我的太太——金打来的。

"你猜发生了什么?"她的语气很激动,"奥普拉的制作人刚才打来电话,他们想邀请你做节目嘉宾!"

"太棒了!"我应和道,"但是,为什么会选我呢?"

"她想跟你谈谈有关《富爸爸穷爸爸》这本书的内容。"

"太好了,跟她定一下时间吧!"我回答道。

"她想安排在最近几天。"

"这么急啊?"我自言自语道,"我才刚到这儿。我们坐了两天的飞机,又开了四小时的车,好不容易才到这儿。不能改个晚点的时间吗?"

"估计没戏。我们配合节目组回答了一大堆的问题。制作人甚至和富爸爸的儿子通了电话，以确认书中故事的真实性。他们非常激动，所以很急。"金停了停，继续说道，"没什么困难，你转个身原路返回就行。机票的事情，我来搞定。"

六天之后，我回到了芝加哥。

奥普拉的节目是由她自己的工作室录制的。当节目助理带我从休息室走到演播室舞台边上时，奥普拉的粉丝们早就坐在台下了。

现场的气氛异常热烈，粉丝们躁动不安，他们随时等待着脱口秀女王的出场。有那么一瞬间，我慌神了，竟然忘了自己将要面对的是脱口秀场节目中号称"天后"的奥普拉。她的观众群，仅美国就有2 000多万，全世界估计有上亿人。

环顾一周后，我发现舞台中央放着两把椅子。我不仅纳闷："第二把椅子是给谁准备的呢？"当我反应过来的时候，心脏差点停止跳动。"天呐！那把椅子竟然是我的！"奥普拉伴随着观众们热烈的掌声走上舞台。"天后"真人的气场比我在电视或媒体上看到的更强大。简短的开场白过后，小助理拽了拽我的胳膊肘，轻轻地说："该你上台了。"

我调整了一下呼吸，心里盘算着："现在开始想词，晚了。"

一个小时过后，节目录制完毕。台下再度响起热烈的掌声，奥普拉也随之向全世界的观众们道别。摄像机刚一关掉，她就扭头转向我，笑着说道："罗伯特，我刚刚帮你卖掉了100万本书。"

那时，因为《富爸爸穷爸爸》一书是我自费出版发行的，所以书的全部收入都属于我。除去各类费用，每卖一本书我就能赚得5美元。如果奥普拉所言不虚，这一个小时她就帮我赚到了500万美元的税前利润。这应该是我赚钱效率最高的一天。别的我不知道，但那一个小时过后，我便从默默无名的路人甲变成了举世闻名的家伙。名声要比金钱珍贵得多，相信你也一定认同这句话。

我之所以选择自费出版《富爸爸穷爸爸》，是因为出版前我四处碰壁，没有一家出版商愿意帮我出版。大多数出版商都委婉地告诉我，他们对这本书没有太大兴趣。有两位出版商像教育小学生一样告诉我："你应该回去重新练习一下写作。"还有一位出版商对我说："你的故事本身就缺乏逻辑，怎么可能说服读者呢？"有位对金融领域比较擅长的编辑拒绝我的理由是："你简直是在胡言乱语。"他之所以会冒出这样的评论，是因为我在书中写了这样一句话："你的房子不是资产，而是负债。"当然，经历了次贷危机，眼见地产崩盘、数百万房屋被罚没的惨剧后，这位编辑可能会重新审视我在书中发表的言论。

经过多次的打击后，我和金决定自费出版此书。第1版只印刷了1 000本。1997年4月，在我的生日聚会上我们举行了低调的"首发"仪式。

从1997年到2000年，《富爸爸穷爸爸》通过人们的口口相传，慢慢爬上了纽约《时代周刊》的畅销书排行榜。当时，这本书是榜单上唯一一本由作者自己出版的图书。上榜后不久，我们就接到了奥普拉制作人的电话。十多年以后，这本书已经被翻译成50多种语言并在全世界100多个国家发行。我在

2010年重新估算了一下奥普拉给我带来的销量,这个数字应该是2 200万册。这就是奥普拉的力量。

随着那期奥普拉脱口秀节目的播出,媒体纷至沓来。大多数媒体是为喜欢富爸爸和穷爸爸之间的简单故事,但其中也夹杂一些批评和指责的声音。

失败是成功之母

几家媒体在提到我的时候用了"一夜成名"这个词。每次看到这个词,我都会暗自偷笑。没错,是电视节目让我在短短的一小时内成为了万众瞩目的对象,但我的成功绝不是在一夜之间发生的。2000年的时候,我已经53岁。在此之前,我可算不上什么成功人士。

电灯的发明者和通用电气公司的创始人托马斯·爱迪生曾经说过:"我没有失败过一万次,只是发现了一万种行不通的方法而已。"

爱迪生的名言概括了大多数人失败的原因。为什么会有那么多的人在成功之前倒下了?是因为他们没有经历足够多的失败。

联系到我们的"金手指",大拇指代表你的成熟度及性格的坚强程度。要是没有坚毅的性格,你就无法具备足够的力量和稳定性来承受创业路上日复一日的各类挑战。

你缺乏什么

许多人说,创业者面临的两个最大的障碍是:

（1）缺乏资金；

（2）缺乏实际的商业历练。

以我自身的经验来说，还有第三个障碍，那就是：

（3）不够成熟，缺乏坚毅的性格。

上述障碍中，我认为第三个是创业者失败的最主要原因。

这个世界上，受过良好教育的聪明人比比皆是，但其中大多数人都没能将上天赐予他们的聪明头脑用对地方。我们周围有多少人愿意为不确定的成功去放手一搏呢？相信你的身边有很多境况不佳却把一切归咎于他人的怨天尤人之人，也有很多"思想上的巨人，行动上的矮子"，还有很多一屋不扫却终日梦想荡平天下的空想者，甚至有不少自欺欺人的伪善君子。如果不够成熟或是缺乏坚毅的性格，即便再聪明的人也无法习得点石成金之术。

如果早知如此

每当面对那些创业路上的"空想家"，我常常以下面这句话作为自己的开场白："如果早知道这一路上的艰辛，我肯定没有勇气开始创业。"当然，为了给那些满怀希望的新手们以勇气，我常常也会加上点关于"美好未来"的补充："对此，我心怀感激。如果我在刚一开始就知难而退，我不可能有今天的成功。"紧接着，我就开始与他们分享自己失败的经历。失败，永远是成功之母。

现在合上这本书，还不算晚

接下来，我将向你展示几个真实的案例。痛苦和失败是其中的关键词。为什么我要自揭伤疤？答案不言自明：如果我的痛苦和失败让你对创业产生恐惧，从而提早打消创业的念头，这也算是功德一件。

虽然大多数人都具备成为创业者的能力，但这并不意味着每个人都要走上创业的道路。轻松生活的选择还有很多。

很多人常常会有这样一种错觉：有些人的成功来得很容易。但是，我身边却没有这样的人。富爸爸常说："想获得成功，要先学会牺牲。"我从没见过毫无牺牲就获得成功的人。好多人艳羡医生的工作，但他们在读书、实习的过程中所花费的时间、金钱和耗费的精力是我们难以想象的。那些聚光灯下的影视明星、歌手、运动员以及政界、民间的领袖莫不是如此。要想在生意场上获得成功，你和他们其实没什么差别。

所谓"牺牲"，是指人们为获取成功而付出的代价。不幸的是，大多数人并不愿意付出这样的代价。与成功相比，获得平淡、舒适的简单生活则要容易得多。

那些年干过的傻事儿

爱因斯坦曾经说过："只有两样东西是无穷的——宇宙和人类的愚蠢。而对前者，我还不能完全确定。"

我就是爱因斯坦这番言论的鲜活例子，因为我的愚蠢是无穷的。

下面的故事就是我在创业之初犯下的愚蠢错误。当时,我开了一家名为 Rippers 的公司,主营尼龙钱包。后来,这家公司还成长为一家大型企业。我要说的是,在此之前我还经历过很多看似很靠谱的创业尝试。然而,它们却没能像尼龙钱包一样带我走得这么远,甚至打入了国际市场。有意思的是,我从未曾想过自己会踏入这一行。要不是因为犯傻,这一切都不会发生。

故事1 笨蛋和钱

众所周知,企业家的首要本领就是推销,因为销售等于收入。由于对推销一无所知,我接受了富爸爸的建议,26岁那年在施乐公司找了一份做销售员的工作。之所以选择这份工作,倒不是说我有多喜欢复印机,而是冲着施乐公司声名远扬的培训课程而去。在付出比常人更多的努力后,我在入职第四年成为了公司的金牌销售员,同时也积累了属于自己的财富。从1974年到1976年间,我存下了2.7万美元(在当时,这可是一大笔钱),并用这些钱"创办"了自己的第一家公司。

俗话说得好:"笨蛋难聚财。"这么说吧,我就是笨蛋,我的钱也很快就不见踪影了。下面就是我和钱"走散"的故事。

我的一个朋友约翰打电话问我愿不愿意通过向他的公司投资而成为股东。他许诺,一个月内我就能收回本金,还能得到20%的利息。约翰曾经是一位非常成功的企业家(请注意是"曾经")。这样一位聪明、成功的企业家帮我看管30天的资金,我自认为问题不大。不仅如此，20%的月回报率真的是非常诱人。于是，我用自己的钱换回了一张借据。

一个月后，我给约翰打电话，准备要回我那2.7万美元的本金，以及5 400美元的利息。你肯定已经猜到了故事的结局：我失算了，他根本没钱还我。他把责任都推给了公司的会计——斯坦利。

"我告诉过斯坦利，让他多进些货。"约翰对我说，"但是他却拿钱去还旧账。我们手上没货、没钱，哪儿来的利润？如果他听我的，拿钱去进货，我就有钱还你了。"

虽然约翰的解释听起来挺符合商业逻辑的，但我却感觉很别扭。当时我应该说点什么的，但却硬生生把已经到嘴边的话吞了回去。我不得不强迫自己相信约翰所说的话。如果我选择不相信他，这笔钱恐怕就再也要不回来了。

显然，斯坦利对富爸爸的理论浑然不知。但不知情的人绝非只有斯坦利一人，大多数人都会和斯坦利一样，选择相同的方案。他们工作赚钱，付账单，再把结余部分存进银行。正因为如此，大多数人每天都在疲于应付各类账单。而企业家要做的是，如何通过花钱赚到更多的钱——在市场、广告和促销上花钱，以及给销售人员提供更多的激励政策。

在经济危机时期，销售额和收入都会下降，大多数人会选择跟斯坦利一样——付账单或存钱。这简直就是灾难。实际上，这是应该加大营销力度的时刻，哪怕需要对外增加负债。因为只有收入实现增长，企业最终才能负担起各类费用的开支，偿还所欠的外部债务。

在2007年席卷全球的金融危机中,大多数人都选择了与斯坦利相同的做法。他们缩减开支,偿还债务,然后开始竭尽所能地存钱。这让整体经济陷入雪上加霜的境地,经济环境开始加速恶化。保守的企业将在经济回暖的时候落后于市场平均水平,更是远远落后于那些积极应对的同行。

故事2 历史再一次重演

当我问起怎样才能要回自己的钱时,约翰告诉我,想要拿回本金,我还得给他更多的钱。站在局外人的立场上看,吃一堑,长一智,我肯定不会继续让自己陷得更深。但实际上,我却选择了那条错误的道路。在接下来的三个月中,我从朋友那里为约翰和他那深陷泥潭的公司筹措了5万美元。接下来的故事没什么悬念:支票刚交到约翰手上,就消失得无影无踪。

话说回来,你该怎样筹措资金呢?答案很简单:练习。在施乐公司的培训课程中,培训师曾经告诉我们,每打100个推销电话就能从中发掘10个潜在客户,并最终达成1单销售。

为了帮约翰筹措资金,我准备了一份简单的企划文案,印刷成传单,开始敲开陌生人的家门,一户一户地进行宣传。这让我想起了当年推销复印机的工作,只不过这次卖的不再是复印机而已。

当时,约翰公司的主要产品是麦克风造型的肥皂,客户是那些喜欢一边淋浴一边唱歌的人群。通过一番努力,我为他的公司找到了合适的投资人,并筹措到了资金。

我再强调一下,销售技能是创业者最重要的技能之一。如果你不擅长销售,一定要找一个擅长销售的人,并让他做你的合伙人。

当我为约翰找的那些投资人开始打电话催债的时候,我没法继续淡定下去了。更糟的是,随着恐惧的增加,我的智力却沿着相反的方向一路向下,跌到了谷底。

当时的我过于天真。实际上,为这样一家战略方向有问题的公司融资、推销产品,我注定是要失败的。不知不觉中,我已经卷入了一场小型的"庞氏骗局"。幸运的是,我最终还是还清了所有债务。

在《龟兔赛跑》的故事中,乌龟用稳定的慢速赢得了胜利。同样,在商业社会里,一夜成名可遇而不可求。无论是推销产品还是方案,都需要时间。

故事3 登上贼船

我又一次犯了傻,跑去问约翰要怎么做才能把自己投入的钱收回来。他邀请我加入他的公司,一起出谋划策,挽回公司的颓势,然后把钱赚回来。对于这样一个馊主意,我又鬼使神差地答应了。于是,我开始了白天辛苦卖复印机,晚上挑灯夜战制订商业计划的劳苦生活。

企业家通常需要在创业之初经历连轴转的过程,这个过程可能会持续数月,甚至数年。然而,也正是这不平凡的生活铸就了企业家的非凡品质。

这种无报酬的付出，放在任何一个领域都会成就不凡。打个比方，职业高尔夫球手在高举奖杯之前，无一不是经历了长年累月的练习。

工作时间打工、休息时间创业是最佳的选择。也许你对此有不同的想法，但我希望你想清楚，创业初期这段没有收入来源的状态可能会持续很长一段时间。

故事4　不靠谱的"救命稻草"

还不上钱，约翰、斯坦利和我都陷入了绝望之中。正是这个时候，尼龙钱包的生意冒了出来。由于我们都有冲浪和航海的背景，所以都用过尼龙钱包。我们用游艇上的帆布缝制出了第一批产品。

约翰认为这些钱包将会大卖。他将这些尼龙钱包视为拯救公司的"救命稻草"。尽管当时并不是十分确定，我们还是做出了一份商业计划，成为了尼龙钱包市场中第一批吃螃蟹的人。

那段时间，我最大的收获是学习到了有关设计、包装、制造及市场推广等方面的全套企业运作经验。塞翁失马，焉知非福。尽管这段惨痛的经历不堪回首，但它确实成为我创作《现金流》游戏的引子，为我带来了源源不断的收入。

故事5　压力和恐惧

约翰的判断是错误的：尼龙钱包的生意并没有想象中的那

么红火。我们每个人背负的债务比之前更高，公司离破产又近了一步。

在绝望之中，我拿出了自己设计的一款新产品。我喜欢跑步，可我在跑步的时候总会面临一个难题：如果想要随身携带一些钥匙、身份证甚至钞票，会发现这些东西没有合适的地方搁。运动服通常都没有口袋，所以我萌生出这样一个想法：制作一款固定在鞋子上的迷你钱包。

穷途末路之际，我们在纽约体育用品展销会中推出了自己的"鞋包"。结果出乎所有人的意料，这款产品在当年的体育用品行业评选中被评为"年度最热新品"。它还被《跑步者世界》《花花公子》及《绅士季刊》广泛报道。

身为企业家，必须学会处理压力和恐惧。压力和恐惧会成为企业家成长的动力，激发出企业家更多的创造力和更强的学习能力，赋予他们对人、对事更深的理解力和洞察力。换句话说，创业者必须具备极强的学习能力，对新知识、新事物有良好的嗅觉和判断力。恐惧，是勇往直前的原动力。如果你无法战胜恐惧，那还是乖乖地在公司上班吧！

其实，我想表达的本意是：只有企业家不断成长，企业才能不断成长。

故事6　看好钱包

不久，我们的尼龙钱包开始被运往世界的各个角落。虽然产品已经销售到了全世界，但公司还是徘徊在破产的边缘。我们的现金流入倒是不少，但流出大于流入。抱着放手一搏的心态，约翰要我再去多筹一些钱。我照做了。

那天，我清晰地记得：自己拿着10万美元的支票走进了约翰的办公室，他和斯坦利满面笑容，不停地说着感谢我的话。

几天后，我飞到芝加哥，带着我们的新产品参加在那里举行的体育用品展销会。展销会结束后，我给公司本部打电话，报告当天的情况。

接电话的是公司的前台亚娜。刚接通电话，她就哭了起来。"怎么了？"我问道。

"我不知道该怎么跟你开口。约翰和斯坦利解散了公司。他俩取走了账上所有的现金，这会儿应该都已经出城了。"

那一刻，真有点天崩地裂的感觉。我觉得自己像是被闪电劈了似的，顿时六神无主。现在回想起来，那通电话开启了我人生中的一个大低谷。

回到酒店，望着窗外的密歇根湖，我一遍又一遍地问自己："你怎么傻到这种程度？"

约翰和斯坦利就这样没声没响地走了，留下我一个人来应对将近100万美元的债务。这100万，是我从亲戚、朋友还有各种投资人那里筹措来的。我没有工作，没有公司，没有房子，也没有了妻子。我的前妻在我卖掉房子偿还信用卡贷款的时候头也不回地离开了。

我握紧拳头，使劲捶打着墙壁。各种悲伤和绝望包围了我，让我一度无法呼吸。"你怎么这么傻？"我不停地责备自己。

富爸爸曾经警告过我很多次,让我提防约翰和斯坦利。在他看来,这两个人就是"小丑"和"骗子"的组合。但是,当时我根本听不进他的话。所以我将他善意的警告全部抛之脑后。富爸爸曾经告诉我:"只有在你贪心、产生不劳而获的想法时,骗子才能骗到你。"

我独自坐在芝加哥的酒店里,富爸爸的金玉良言一遍遍地在我的耳边回响着。我开始反省:"我到底哪里贪心了?"如果我能找到这个问题的答案,自然也就能发现被骗的缘由。

这么多年来,我一直没有找到这个问题的答案。直到最近我才发现,原因出在一个"懒"字上。正因为如此,我才被骗了。

懒惰导致轻信,由此带来的不良后果包括:

- 雇员对稳定工作的盲目信任。
- 选民投票给那些承诺"为选民利益着想"的政客。
- 投资者轻信财务顾问的建议,长期投资于股票、债券和共同基金。
- 人们相信在学校里成绩好毕业后就能找到好工作,日后的生活便会幸福美好。
- 绝望的人们孤注一掷,轻信那些"买我的书,一夜变身百万富翁"或"无需运动,吃药就能瘦10磅"的言论。
- 轻信下述论点:

    "我们有爱,我们不需要钱。"(你要是一直跟父母住,这话没错。)

    "我要中彩票了!"(这一概率与被闪电击中的概率差

不多。)

"我们夫妻俩最讲信用了。"(有人说这话时,你可要小心了。)

"政府会解决这个问题的。"(你有麻烦了。)

我只是抛砖引玉,你可以根据自己的经验继续拉长这份清单。

人无法获知自己的无知和弱点

尽管富爸爸曾经警告我"小心约翰和斯坦利",但他并没有强行阻止我。他总是说:"没摸过炉灶,便不会知道烫是什么感觉。"所以,他给了我一次被烫的机会。

他的本意是:"人无法获知自己的无知和弱点。"不过,企业家在碰壁后会迅速做出反应,并汲取其中的经验和教训。富爸爸常说:"一旦离开原来的工作并开始创业时,你的无知就会立即显现出来。"

90%的创业者会在最初的5年中遭遇失败,他们主要是被种种自己无法预料的事情所击败。正是这些未知的变量最终摧毁了他们的企业。而这一切与学习成绩无关。

骗子是最好的老师

富爸爸常说:"企业一开张,骗子就会接踵而至。"然而,他并没有对骗子的"好坏"发表任何评论。在他看来,这些骗子是来帮助你成长的。你的商业必修课,需要由他们来传授。所以,富爸爸还有一句名言:"骗子是最好的老师。"紧接着还有下半句:"但千万别变成他们。"

他教导我说,企业家最重要的任务之一是保护自己的雇员,让他们远离真实的商业社会。言外之意,商业社会是险象环生、充满危险的。所以,一直以来我都在不断地学习如何保护自己的员工。

我很想学会这项技能。我曾眼睁睁地看着自己的亲生父亲——一位诚实、敬业且受过高等教育的教师——在离开风平浪静的学校后是如何被人鱼肉的。他曾经参加过夏威夷州的官员竞选,却不得不在五十出头的年纪遭遇失业。他不甘心,取出了自己全部的积蓄和养老金,投资了一家连锁冰激凌店。结果呢?一无所获。刚刚离开教育系统,他就被残酷的商业社会吞食得片甲不留。不到一年的时间,他就将毕生的积蓄赔得一干二净。话说回来,如果当初他没有离开教育系统,所有的悲剧就不会发生。

对创业者来说,成熟的心智和坚毅的性格是不可缺少的必要条件。

墨菲定律

很多人都应该听过墨菲定律:"会出错的事情总会出错。"大多数创业者之所以失败,是因为他们不了解哪些领域是自己未知的。而伴随着一次次的挫折,企业家对自己的未知领域才开始有了逐渐深入的了解。换句话说,成功并非是记住标准答案那么简单的事。实际上,它源于失败。

这也就解释了为什么像我父亲那样的"社会精英"无法在商业上获得成功。他们擅长的竞技场是课堂，而不是现实的商业社会。

成功的定义不尽相同

课堂上成功的标准是不犯错误。如果答对了所有题目，你就能得到"A+"。但在商业社会里，情况恰恰相反。

如果你学过 MBA 课程，就会发现它的关注点在于最大程度地降低风险，规避错误的发生。当然，MBA 学员很少有成为企业家的。他们来读 MBA 的目的是为了获得更高的薪水，而不是创业成功并成为企业家。法学院和经管学院的学生也是如此，学校教育的目标是让他们尽量少犯错。

在创业路上，尤其是在创业初期，企业家必须学会面对失败：从失败中汲取教训，然后再尝试，直到最后获得成功。这是通往点石成金之路的必经历程。

我之所以一开始就摆出自己失败的尼龙钱包经历，就是想说明这一点。出于同样的原因，我非常敬重唐纳德·特朗普。我读他的第一本书是《交易的艺术》，第二本是《东山再起：投资界的不死鸟》。对我而言，第二本书更加震撼，因为他毫不避讳地指出了自己所犯过的错误，与众多读者一起分享了他曾经的失败与教训，以及重新来过的历程。他坚毅的性格让我受益良多。

转危为安

也许，对企业家来说，最重要的本领就是拥有"转危为安"的能力。要想获得这项能力，你需要成熟的心智和坚毅的性格。

人都会犯错。我们需要对错误抱有感恩的心态，因为伴随每次失败，我们的成熟度和性格的韧度都会得到提升。

我认为约翰和斯坦利没有从失败中得到成长，他们在面对失败的时候选择了谎言、欺骗和逃离。换句话说，在困境之中，他们的真实性格显现了出来。在形势不妙的境况下，他们将自己的坏运气变得越来越糟。

我这么说，并不是要把我和他们撇清关系，也不是表示我高人一等。这点自知之明我还是有的。虽然我生长的家庭和接受的教育都很棒，但我离父母的期望却还很远。我在学校是一个标准的好学生，既不喝酒也不嗑药。但是，我却日夜盼着能逃离父母的监管。当我正式离家，身上的那股叛逆劲儿完全表现了出来。现在回想起来，我几次的所作所为足够让我被抓进监狱。

开始创业后，我又重新回归到了父母的价值观上：不撒谎、不欺诈、不剽窃。要知道，在面临逆境的时候，能继续坚持这些价值观可不是一件容易的事情。我通过被朋友欺骗这件事提升了自己的心智成熟度和性格的坚毅度。

当我筹来的钱被卷走之后，富爸爸鼓励我鼓起勇气向各位投资人上门道歉。我向他们承诺，一定会还上这些钱。接下来，我用了将近六年的时间来兑现自己的承诺。

富爸爸建议我不要选择逃避，而是重新组建自己的公司。在兄弟乔恩及好友戴夫的帮助下，公司重新开业了。在直面失败和困难、重新来过的过程中，我体会到了更多做生意的真谛。如果当时我选择逃避，这些根本无从谈起。

我意识到，自己需要更快地补习商业知识。虽然我天生比较懒，在学校就不属于好学生。但现在我会强迫自己读书看报，参加各种研讨会。下面就是我从中得到的收获：

- 智慧蕴藏于每个错误之中

世界闻名的里查德·巴克明斯特·富勒[①]是我的老师。这位天才级的大师曾经说过："犯错无罪，拒不认错才是真正的罪恶。"每当因犯错而感到沮丧的时候，我都不会责备他人，而是自己扛下全部责任。事后，我会不断地反省，并从中汲取经验和教训。每次经历这个过程之后，我都会重拾前行的动力。

- 不求全责备

我经常碰到一些遇到麻烦的企业家，他们总是不断地将责任推到身边其他人的身上。他们从不积极地面对失败，所以也很难从中获得成长。他们意识不到：其实失败之中蕴藏着光明的未来，责备是应对失败最糟糕的方式。

- 直面错误，敢于承认

很多人总是把犯过的错误挂在嘴边，后悔个没完；或者假装

---

① 1895—1983年，美国工程师、建筑师、设计师和发明家。——编者注

这事儿压根没发生过,然后一次次地重蹈覆辙;还有一些人用谎言掩盖他们的错误,最终走上了犯罪的道路。这些人的相同之处在于,他们把"糟糕"的境遇变得"更糟糕"。无论是选择欺骗、责备,还是假装什么都没发生过,得到的结果都不是前进,而是退缩。其中最出名的案例当属美国前总统比尔·克林顿的"拉链门"事件。他在自己和白宫实习生的绯闻事件中的撒谎,不但让自己声誉扫地,还导致自己在公众面前失去了信用。要不是因为这件事情,他也许会成为美国历史上最伟大的总统之一。但他却因为这起丑闻被贴上了"道德缺失"的标签,最终落得颜面扫地的下场。承认并直面错误需要勇气,而懦弱的人则会选择撒谎、逃避。

错误是成就点石成金的必经之路

在学校里,犯错是一件很糟糕的事情。犯错最少的学生,通常会得到最多的"小红花"。但在商业世界里,"犯错—承认错误—汲取经验"这才是通往成功之路的正途。爱因斯坦曾经说过:"只有两样东西是无穷的——宇宙和人类的愚蠢。"我想在此基础上再补充一点:人类的学习能力也是无穷的。

企业家的错误能直接影响到企业,员工的错误也同样如此。如果你要求员工负起责任并从错误中学习的话,他们可能会选择辞职、跳槽,把烂摊子留给你处理。也正是因为这个原因,很多企业家严格控制企业的规模,以免发生人员流失率过高的风险。如果企业家缺乏管理能力和领袖气质,员工很可能就会成为负债,而非资产。

更糟的是,有些员工可能会在面临困境、老板疏于管理或自恃过高的时候变成罪犯。商业世界中有很多无赖和骗子。罪犯的圈子中有这样两类人:暴力罪犯和高智商罪犯。前者常通过身体接触或武器对受害人进行身体上的伤害,而后者则是通过欺骗、偷窃等方式实施"软伤害"。因为没有使用武器及未造成身体伤害,"软伤害"更难判定。换句话说,商业社会中的罪犯通常都是一些受过高等教育,但却心智成熟度偏低或性格不够坚毅的人。在遭遇困境、麻烦或是事情未按预期进展的时候,他们便走上了犯罪的道路。

迄今为止,我从没当过暴力犯罪的受害者,却在那些"优等生"的身上赔过不少钱。这些人自以为很聪明,不会犯错,所以即便犯了错他们也不会承认。这可不是什么真聪明。在我看来,这是傲慢,一种极大的性格缺陷。傲慢的人无法听取别人的意见,所以无法跟上这个快速变化的世界。

军校里很重要的一课就是听取反馈意见。我进入军校的第一天就开始接受这种训练。让我惊讶的是,那么多聪明的年轻人在受到当面的斥责后,竟然痛哭、崩溃,甚至选择退出。

企业家总是在不停地听取来自顾客、银行经理、工人、销售人员等方面的各类反馈。如果缺少了这些直接、及时的反馈意见,企业家就无法做出正确的决策。

如果企业家的周围尽是些唯唯诺诺的人或马屁精,他的企业一定会出大问题。

选择导师

所有的上市公司都必须有董事会。所以，哪怕你还一无所有，只是空有一个好创意，你也应该设置一个董事会。最起码，你应该有三个顾问：一名会计师、一名律师，还有一位导师。关于导师，你应该选择那些在自己期望进入的行业中已经获得成功的企业家。打个比方，如果你想开一家餐厅，那就找一位成功的餐厅老板来当你的导师。

唐纳德和我都有这样一位导师。我们都有身为企业家的"富爸爸"。

很多创业者在寻求建议的时候，通常会犯选择性错误。因为他们咨询的对象是一些优秀员工，而非成功的企业家。这两者之间有天壤之别。

篇后语

根据墨菲定律，会出错的事情总会出错。此外，还有一个同样出名的彼得原理："在各种组织中，雇员总是趋向于晋升到他并不称职的职位。"

很多企业之所以停滞不前，一个很重要的原因在于企业家已经触及到了影响自身发展的"玻璃天花板"。在这种情况下，最好的解决方案就是突破自我。这意味着企业家需要通过失败来实现新一轮的自我提升。这个过程可能会非常漫长。有人曾经问爱迪生，在他发明电灯的时候，面对数千次的失败，心里做何感想。他回答道:"我心里想,也许还得再试一万次吧。"

用另一个例子来解释彼得原理可能更贴切一些。如果某个高尔夫球手总是固定地打出72杆,人们便会称他为"帕球手"[1]。了解高尔夫球的人都知道,帕球手和职业选手之间相差的杆数并不多。职业高尔夫球手必须将自己的杆数稳定在70杆才能在联赛中获得一席之地。72与70,这相差的两杆却将帕球手和职业选手分隔得泾渭分明。

这两杆的差别,就是点石成金的本领。

---

[1] 在不同的球场能稳定打出不超标准杆的成绩的球手。——编者注

如果没有坏运气

唐纳德·特朗普

　　清崎用高尔夫球的故事结束了他的部分。在我看来这虽然不是最贴切的例子，但我却感受颇深。了解我的人都知道，我十分热衷于高尔夫运动，也很喜欢开发建设高尔夫球场。

　　最近我在开发一片位于苏格兰阿伯丁（Aberdeen）地区的高尔夫球场。我花了五年的时间遍访欧洲，才最终找到这片绝佳的场地。在找寻的过程中，我一直很有耐心，因为我知道要找到完美的场地，一定要耗得起时间。目前，特朗普苏格兰国际高尔夫球场（The Trump International Golf Links Scotland）已经在开发之中。要知道，五年的找寻并不是终点，之后还要历经数年的开发（尤其是处理环境问题）才能造就出一流的高尔夫球场。在这个过程中，我不断地了解与地理、地形有关的知识。到最后，我对沙丘的运动规律了如指掌，简直快达到专家级水准了。在开发球场的过程中，不免有一些反对的声音，但更多的是来自支持者的。这段开发经历简直称得上是一段传奇，以至于一位苏格兰作家专门写了一本书来纪念此事。无论你是喜欢高尔夫还是喜欢听故事,都可以去看看大卫·埃文写的《追逐天堂》(Chasing Paradise)。这本书的副标题为"看唐纳德·特朗普如何赢得全球最棒的高尔夫球场"。

那段日子里,我得应付各色人物:政客、企业家及诸多当地人。尽管我遇到了多重阻碍,甚至很多人认为我的高尔夫球场开发计划会给这一地区带来巨大的环境破坏,但肖恩·康纳利[①]先生还是义无反顾地给了我巨大的支持。

后来,这次纯粹的商业开发逐渐变成了一起国际利益之争。美国某知名杂志社甚至将一位抵制搬迁的当地人收录进了他们的一期封面中,让这位钉子户一夜间变得家喻户晓。虽然拒绝搬迁这件事本身对我们的整体计划没有产生什么实质性的影响,却无心插柳地提升了这一项目的知名度。

此项目的环评报告堆起来足有5英尺厚,报告中对随着开发而来的每个环境问题都进行了详细的阐述。球场所在的那块地方在苏格兰的历史上颇具意义,因此它的开发代价高昂——总投入约为10亿英镑。然而,相关的建设能创造约6 320个短期工作机会,以及1 440个长期工作机会。

我们的商业计划书和环评报告都做得非常详尽。我们用了极长的时间与苏格兰文物局联合办公,尽我们所能将方案做到极致。这么说有点太空洞,我还是具体介绍一下这个项目吧!它包含了一个高尔夫学院、一栋含950个房间的公寓楼、500栋

---

① 出生于苏格兰的好莱坞影星,他曾在《007》中扮演詹姆斯·邦德。——编者注

洋房、一家含450个房间的酒店、36座别墅，以及供450名员工住宿的宿舍。这还只是高尔夫球场的附属建筑。如此规模浩大的开发项目，若要保证其顺利运转，我们需要考虑无数个细节。

在开发过程中，我一直保持着积极的心态。正如清崎所说，想要获得点石成金的本领，一定要耐得住性子。我明白，虽然眼前摆着无数难题，但只要坚持下去，一旦这个项目实施成功，不但当地的环境不会受到影响，周边的经济还会因为它的落成而得到提升，从而实现最大化的社会效益。我对这个项目信心满满。多亏了肖恩·康纳利先生多次在公共场合给予此项目积极、正面的评价。很多人在了解了前因后果之后，也明白了这个项目对苏格兰和苏格兰人民的积极意义。

在那段时间，我还要照顾其他群体的利益诉求，但我们始终尽着最大的努力，力求完美。这最终为我们赢得了好运气。想要登上成功的巅峰，一定不要得过且过。每个细节都至关重要。

有人觉得我之所以成功，是因为身边有能人辅佐（实际上确实如此），但我想告诉他们的是，我自己自始至终都非常投入。我了解项目的每一个细节，我的身影经常出现在从美国到苏格兰的飞机上。要知道，这么频繁的往来，我可不是去度假的。每次我都要会见不同的人：承包商、政府官员和苏格兰文物局的专家等。回头想想，每秒钟的努力和拼搏都是非常值得的。

不要恐惧失败，事情总有转机

如果你正处于创业初期，或是正准备谋求更大的发展，这一点至关重要。

我的心得是：只要功夫深，铁杵磨成针。如果你数得清自己在某个项目上投入了多少时间，那只能说明你投入得还不够。只有当你为此花费了不计其数的时间，经历了无数次的打击，听到了无数种负面言论和批评之后，成功就离你不远了。俗话说得好：不经历风雨，怎么见彩虹。

但是，请务必记住，所谓"点石成金"的关键，是成熟的心智和坚毅的性格。我自己就亲身经历过20世纪90年代初期的经济危机。在那场危机中，我并没有像大多数人预料的那样走到破产的境地，但当时我的确背负着数十亿美元的债务。欠债的滋味真是不好受。然而，我并没有整天唉声叹气，反倒是换了一个角度重新审视那个并不理想的状态。

我知道经济和房地产的发展都是有周期性的。当时，有很多人梦断纽约城。房价大跳水，我也成了众多受害者中的一员。那时我最大的问题就是贪玩：我宁愿去参加巴黎的时装发布会，也不愿多花点时间打理公司的业务。我的想法很简单：公司在不断地给我赚钱，没什么可担心的。父亲曾经对我说，我有点石成金的能力，做什么都会成功。听了他的话，我更飘飘然了，觉得赚钱好像是一件很简单的事情，不用耗费什么精力。因此，我在业务上花费的时间一天少过一天，直到经济起伏的大浪将我冲翻在地，我才如梦初醒。

幸运的是，我重新回到正轨，东山再起。危机之后，我甚至变得比前更富有，生意也做得更大。这么多年来，我一直觉得幸运之神是眷顾我的。我从未因为事业的起落而改变对自己的认知。在我看来，过去的一切都只是过眼烟云，仅此而已。无论遭遇何种困境，我都能化险为夷，步入正确的轨道。就好像职业高尔夫球手那样，就算球掉进了沙坑，他们也能将球救出来，抓住"小鸟球"①。

以后我还会犯错吗？当然。但是，正如我在经济下滑时的想法一样：无论碰到多么困难的环境，都要从自己身上找原因。道路是自己选的，所以我责无旁贷。正如清崎所说，这是通向点石成金之路的不二法门。每个人都会犯错，但人们处理错误的方式不同。正确地处理自己犯下的每个错误，你的心智和性格会得到不断的提升。

责任感是一项非常重要的特质。当你学会接受一件事情的全部，无论好坏，你会发现自己的工作效率将大幅提高。无论对于工作还是生活，这都意义非凡。一旦找到了责任感，任何由你经手的事情，无论大小，都会变得与众不同。对我来说，获得这种感觉是通往成功的催化剂。

特朗普广场

你也许会认为，我的成功都是来源于"Trump"（特朗普）这块金字招牌，有了它我做任何事情都会很轻松。但我自己知道，无论是公司还是这块招牌，我都无法完全左右它们的发展。时间，

---

① 高尔夫球手在一个球洞上获得了低于标准杆1杆的成绩。——编者注

才是最关键的因素。有很多次，我不得不耐心等待，等待事情自然地发展，等待项目慢慢成熟。你相信吗？哈德逊河畔的特朗普广场（Trump Place）就是我等待了20年才收获的成果。试问，你能抱着这种耐性等上这么长的时间吗？你能承受住这20年中的种种考验还不改变最初的梦想吗？在这段漫长的岁月里，我的想法从未受到周围环境的影响。我希望看到这个项目成功实施。这是随口说说这么简单的事情吗？不！但还是那句话：这么久的等待，值得。而且，经历过这一切后，我变得更加强大，更加坚定。

我还是详细说说吧！故事要从1974年讲起。当时，我获得了宾夕法尼亚中央铁路公司（Penn Central Railroad）名下的一块办公用地的优先购买权。虽然那是一片临河的绝佳地块，但由于宾夕法尼亚中央铁路公司经营惨淡，再加上当时的经济也不景气，购地的价钱很便宜。

当时，我正忙着处理凯悦酒店、特朗普大楼等其他几个项目。在谈到要在这块地上兴建特朗普广场的时候，当地居民表示出强烈的反对情绪。不但如此，当初谈好的政府补贴也突然变得杳无音信。如此算下来，这个项目变成了难以盈利的鸡肋。思索再三，我在1979年决定放弃自己的优先购买权。政府随即将这块土地卖给了别的买家。

好在这个买家对纽约不是很了解，对市政规划的了解就更不用说了。在房地产开发这个既复杂又专业的领域，缺乏经验就意味着犯错。最终，他不得不再度卖出这块土地，以便结束其痛苦的经历。1984年，他们打电话给我，问我是否愿意为这块土地出个价，我喊出了1亿美元的价格。折算下来，每英亩才100万美元。那可是曼哈顿的中心区，还是标准的临河地块，这笔生意很是划算。但是，这离最终的商业开发还差得很远。

从1984年到1996年，我的耐性受到了最大程度的考验。我面对的是来自各界的反对声音，有些反对意见甚至非常荒唐。商业的智慧源自经验，当时的我已经比较有经验了，所以我借用了纽约市的一些短板和缺陷帮自己获得更多的利益。

虽然进展一直不是很顺利，但情况还是在逐渐改善。首先，根据纽约市的情况，我将那块土地的规划做了一些调整。之后，随着整体经济的复苏才开始动工建设，这样就能和纽约市的整体建设搭调。如果没有那段时间的耐心等待，也许最终开发出来的楼盘根本无法迎合市场的需求。要知道，这个项目是由纽约市规划委员会审批的最大单体项目——包含了16栋高层建筑以及临河的住宅楼群。项目最终于1996年破土动工，建成后立刻成为纽约市标志性的建筑群之一。

今天，特朗普广场是经历过衰败和繁荣的曼哈顿西区中最靓丽的片区。其中，25英亩的公园是我为政府无偿建设的。公园里的自行车道、野餐区和运动区能带给居民更多的幸福感，开阔的广场还能用来组织和开展各类社区活动。对于所有参与方（城市、居民、开发商及我们的品牌）来说，这是一个多赢的局面。持久的耐心，终于开花结果，成就了这一切。

清崎提到过，那些创业路上的"空想家"无法了解创业的真实困难。在此，我想引用一下他的这个观点。这个持续了20年的项目，是如此的复杂和艰难，以致我曾一度想要将它从我的记忆中彻底抹掉。我很庆幸自己没有这么做。它成就了我人生中的第一个重大胜利，让我在曼哈顿的版图里拥有了自己的一席之地。

凯悦酒店

也许你听说过纽约市的凯悦酒店。它坐落于纽约中心区的中央车站旁，四面都是极具现代感的玻璃幕墙。然而，在20世纪70年代，那块地方完全是另外一幅光景：一片荒芜，除了上下车的旅客之外，没什么人愿意到那儿去。但那里有一栋破旧的酒店——肯特蒙德酒店。

我心里清楚，那里将会发生天翻地覆的变化，而肯特蒙德酒店将会是这一切变化的起点。在我将这个判断告诉父亲后，他很不认同我的观点。他说："如今，连克莱斯勒大厦[①]的经营都难以为继，你在这个时间点买下肯特蒙德酒店，简直就跟买泰坦尼克号的船票一样，太不明智。"我们都明白这笔投资是有风险的。但我确信：装修过后，这栋楼将会焕发出新的生机，并能带动周边区域的发展。我坚定地抱着这个想法，牢牢地把持着自己的判断。

就在我就收购肯特蒙德酒店开始谈判前一年，酒店的所有者——宾夕法尼亚中央铁路公司斥资200万美元来装修酒店。

[①] 美国纽约市的著名地标性建筑之一。——编者注

然而，这次装修很失败，酒店基本看不到任何明显的改善。不仅如此，他们还欠下政府600万美元的税款。于是，宾夕法尼亚中央铁路公司下定决心要将它出手，我取得了它的优先购买权，双方约定的收购价格为1 000万美元。然而，对于这笔收购，我得自己设计一个比较复杂的交易结构，以便获得融资、吸引新的酒店管理公司，以及获得纽约市政府的税收减免优惠。要全部实现这些条件十分费力，单是谈判过程就花了好几年的时间。

在谈判过程中，我不断地寻找着能让这栋楼重新焕发活力的设计师。我想把它打造成地标性建筑。年轻的设计师德尔·斯卡特领会了我的意图。我的想法很简单，就是要让这栋楼变得熠熠生辉，从而为整片区域都带来光彩。虽然当时我还不知道这笔收购能不能成功实施，但与德尔·斯卡特花时间讨论、设计草图的过程已经让我心潮澎湃。如果我们的计划能够最终得以实施，这片地区将发生翻天覆地的变化。为此，我们要做好充足的准备工作。一旦机会来临，就要不失时机地抓住它。

另外，酒店管理公司的选择也是一个大问题。面对总面积150万平方英尺、1 400间客房的酒店规模，可不是随便哪家管理公司都能胜任的。我看过所有一流酒店管理公司的名录后，决定邀请凯悦酒店进行管理。我心里暗自盘算，希望他们能接受我的邀约。说出来可能有点让人难以置信，当时凯悦还从未进军纽约市场。我的直觉是对的，他们对这个提议很感兴趣，决定与我合作，并在酒店完工之后接手酒店的管理工作。

到此为止，设计师、酒店管理公司和大致的经济预算都已经敲定了。接下来我要解决的就是融资问题，以及获得政府的税收减免优惠。当时我只有27岁，所以我决定找一个经验丰富的资深房地产经纪人来帮我，一来可以弥补我经验上的不足，二来可以加深我们在对外形象上"成熟稳重"的感觉。

但我们面前的障碍是难以逾越的：拿不到融资，纽约市政府不肯给我们减免税款；没有税收减免，银行也不肯为我们提供贷款支持。我们用尽了浑身的解数，却还是一筹莫展。于是，我们决定打打感情牌，向银行描述这个项目启动之后能给周围带来的诸多积极影响。我们希望银行家们能够理解：如果无法启动这个项目，他们周围的环境就无法得到改善；如果他们不参与这个项目，就会丧失一次成就"伟大"的机会。然而，这一招还是没能管用。

在拜访了所有机构、用尽了全部招数之后，我们终于找到了一家表示感兴趣的投资机构。但在就交易进行了多番沟通、我们似乎就要看到曙光时，突然有人站出来对这笔交易提出了异议。就这样，整个谈判戛然而止。我们也尝试努力挽回局面，但对方的态度十分坚决，完全没有给我们留下任何回旋的余地。我清楚地记得，当时自己是如何转过身去对经纪人说："收工，回家吧！"

那是我人生中为数不多的想要放弃的时刻之一。当时的我身心俱疲，实在扛不下去了。但是乔治·罗斯，我的经纪人、律师兼顾问始终鼓励着我，让我得以坚持下来。他提醒我：我们在这个项目上已经投入了那么多的精力，这个时候放弃就太可惜了。"为什么这个时候决定放弃呢？"他这样问我。他是对的，我本来就不是轻言放弃的人，这次也一样。我不想因为这屈指可数的人生低谷，就任由自己沦落为"空想家"。

事实上，经历过低谷后，人会变得更加强大。在此之后，我对这个项目的信心更加坚定了，这次低谷反而成了重要的转折点。我再一次将重心放回到纽约市政府那里。凯悦酒店管理公司对于进驻纽约这件事情非常积极。然而，如果我们无法获得政府的税收减免优惠的话，高昂的成本将吞噬掉整个项目的盈利，这会让项目丧失可行性。

最终，我说服了市政府，找到了解决方法，我最终赢得了长达40年的税收减免。在我买下肯特蒙德的1 000万美元中，600万支付给市政府，偿付之前拖欠的税款。之后，我再将酒店以象征性的1美元的价格卖给市政府，然后再从政府手中租回，租期为99年。

这个交易结构听上去有点复杂。实际上，它的确复杂。所幸的是，正是这个复杂的交易结构满足了每个参与者的诉求。最终，我们从两家机构获得了融资，整个项目得以顺利实施。凯悦酒店于1980年正式开业，作为标志性建筑，它带动了纽约中心区的复兴。时至今日，它仍然是当地一道亮丽的风景线。

看到这里，你肯定也会觉得我在这个项目上的运气够差的。然而，通过我的各种努力，所有的困难都迎刃而解，最终尘埃落定。正如清崎所说，我们无法预知那些艰难的日子要怎样度过。因此，如果你想要获得点石成金的本领，就一定得咬紧牙关坚持下来。我经常在想，要是一切都进展顺利该多好啊。但是，世界上的事情往往不是都能如你所愿的。

当我刚开始和NBC①电视台就《环球小姐》和《美国小姐》这两大选美节目进行合作时,这两档节目的内容制作不够精良,流程拖沓,也没几个赞助商。很多人都很好奇我是怎么从中发现商机的。(当然,美丽的模特儿是很大的亮点。)在我看来,如果运作得当,选美活动蕴含着巨大的商业价值,非常值得投入。《美国小姐》节目在2011年一举夺得了全美晚间收视率冠军。这档由众多佳丽在场上展示美丽的节目现已成为举国关注的盛事。有人说,我只是运气好而已。然而,事情远没有看上去那么简单。为了打造出最受欢迎的节目内容,我们请来最优秀的制片人,从节目的流程设计入手,对每个环节都严格要求。在耗费了大量的人力、物力之后才得以打造出如此优秀的成品。我们的努力也最终获得了成效——观众对节目内容的接受度很高。

成功从来就没有什么捷径可循。力挽狂澜,让奄奄一息的商业机会重获新生才是成功路上最美妙的部分。

无论你面对的是某个楼盘还是某个项目,在扭转乾坤的过程中肯定会面临诸多挑战。想要学会点石成金的本领,你必须具备透过事物的表象来识别其本质的能力。虽然习得这一能力实属不易,但我却乐此不疲。我在面对挑战时,从来不会逃避或退缩。相反,我会以积极乐观的态度客观地分析问题,抱着平和的心态将困难逐个击破。当然,我的动力来源于内心从未

---

① 美国全国广播公司(National Broadcasting Company),全美三大商业广播电视公司之一。——编者注

消退过的热情。

风之城[①]

经《旅游与休闲》杂志（Travel + Leisure Magazine）评选，芝加哥特朗普国际大酒店（Trump International Hotel & Tower Chicago）荣获美国及加拿大地区"最佳酒店"称号。对酒店来说，这份褒奖确实值得庆祝。但我想说的是，在酒店的建造过程中，各类问题和麻烦从来就没有间断过。比如，在开始桩基工程三个月后，我们发现芝加哥河的河水渗进了项目所在地。原来，这栋楼的地基底部要比河水的水线低，而防水壁也因年久失修失去了防护功能。更糟的是，水是从防水壁和沃巴什大道桥（Wabash Avenue Bridge）的交接处流入的。这样一来，问题就更加棘手。所以，对此我们必须予以小心谨慎的处理。

接下来，我们又发现了这栋楼在建筑设计方面的一个问题。根据最初的设计方案，这栋14层的大楼将整体采用钢结构框架。然而随着新兴国家的工业发展及其对铁矿石需求的增长，全球的铁矿石价格出现了大幅上涨。

于是，我们决定更改原来的设计方案，全部采用混凝土进行建造。如此一来，我们不仅省下几百万美元，还能简化建造过程中的物流配送工作。经过调整，新方案得以实施，并为项目保留了足够的利润空间。

---

① 指芝加哥。"风之城"（The Windy City）是芝加哥的别名。——编者注

从整个项目的时间安排上，你能清楚地看到我们对它付出了多大的耐心。按照最初的计划，酒店大楼定于2000年开始动工。然而直到2005年，我们才真正开始建设。在这五年的时间里，我们清除了几个意外障碍。今天，如果你有机会亲自看一看这栋楼，我相信你也会认可我们的所有努力。那些往日里的"坏运气"最终都成了我们铺设成功之路的一砖一瓦。

我一直认为自己是幸运的，因为父母不仅从小就为我树立了良好的榜样，还给了我创造了极好的教育环境。我自己得到这么多，理应被赋予更高的期望。因此，我不断地尝试学习各种"转危为安"的技能。我坚信：世上无难事，只怕有心人。

搞定它

坏运气并不总是因你而起，有时候也来源于别人。在某些情况下，发现别人的问题会为你带来特别的机遇。

1980年，纽约市政府宣布将重修沃尔曼溜冰场（Wollman Skating Rink）。这一溜冰场位于中央公园内，一向是孩子们和众多家庭的最爱。从1980年开始，政府先后花了1 200万美元用于溜冰场的修缮工作。6年过去了，溜冰场还是没能开门迎客。1986年，政府再次向全体市民宣布：新一轮的重修工作即将开始。然而，我不想再等了。6年来，我见证了整个过程。你知道为什么吗？因为我所在的公寓正好直对着沃尔曼溜冰场，我一抬眼就能看见它。

我决定做点什么。这片溜冰场不能得到有效开发，对周围的居民和往来的游客都是一种损失。我写信给当时的纽约市市长科赫，承诺自己能在6个月内完成对溜冰场的整修，而且市政府不用掏一分钱。我希望通过自己的努力，为这个城市做点贡献。

然而，市长先生却对我的这个计划不以为然。不仅如此，他还在报纸上公开了我的信件，把它当成一个笑话。他没有料到的是，在媒体和公众开始支持我的时候，他的这一冒失举动变成了对准自己的利剑。有家报纸如此写道："除了'无能'二字外，再没有更合适的词来形容本届政府了。"

没两天的时间，市长先生就一改原有态度，表示市政府愿意由我来接手这个项目。在与市政府的官员们开会讨论后，他们最终决定由我来出资整修那片溜冰场，限期6个月，即在1986年12月中旬完工。待溜冰场正式开业后，政府将向我返还300万美元作为工程修缮补助。如果我的实际投入超出预算，超支部分自行承担。

终于能为沃尔曼溜冰场做点事情了，对此我很兴奋。

这是一项巨大的工程。整个溜冰场占地一英亩多，因此需要铺设22英里的管线，配备两台重达3.5万磅的制冷设备。不仅如此，溜冰场周围的各类附属房屋（比如更衣室）早已十分陈旧。另外，负责工程建设的施工单位在能力方面也有很大的问题。我深知，要想让这个项目如期保质完成，自己必须积极参与进来。我走访了很多专家，还请来了最棒的建筑师。每天，我不仅要过问项目的进展情况，还要到现场勘察，即使坐在家里的时候也要向下张望（这是住所离项目近的一大好处）。

几个月后的一天，我突然意识到，如果这个项目完成得不够漂亮，媒体一定会在这个问题上大做文章，自己的名誉也将受到损害。但转念一想，我有什么好怕的呢？我是怀着美好的初衷进入这个项目的，如果项目如期完工，参与其中的每个人都将获益匪浅。市政府和纽约的居民们已经在这种重复翻修的状态下等了6年，我希望自己可以做些让溜冰场有所改观的事情。

5个月后，溜冰场正式开业，比预期的完工时间提前了一个月。项目的实际投入也控制在了预算范围之内。我长舒一口气，感觉非常自豪。重修后的溜冰场非常漂亮。同时，由于开业日期赶在了节假日，整座城市都因此增添了几分欢乐的气氛。我们请来了著名的花样滑冰运动员佩吉·弗莱明、多萝西·哈米尔和斯科特·汉密尔顿来共同庆祝这个值得纪念的日子。溜冰场的所有盈利都会用于公园的经营，或捐给慈善机构。

这就是关于我的一个"转危为安"的绝佳例子。这就是点石成金！

精　粹

　　我们在本章内容中讲述了几个故事，意在说明坚毅的性格是点石成金的基础。坚毅的性格好比是人们五指中的大拇指，无论是取拿物品还是掌控大局，我们都要依赖它。正因为有了大拇指，人类才体现出与其他动物不同的特征：爪子进化成了手。大拇指也象征着企业家在身处逆境时所展现的扭转乾坤的能力。在其他竞争者都选择逃避、退出、怨天尤人的时候，企业家却选择继续坚持，直至转危为安，并获得最终的胜利。

　　如果成功可以预知，那么，每个人都能成为企业家。有些人会说："自己当老板，真是不错。"的确，他们可以自由掌控时间，选择自己喜欢的工作方式。但是，对于另外一些人来说，创业的原动力并不是为了获得自由，而是源于对财富的渴望及对成就一番事业的期待。然而，横亘在这两种人面前的却是对于失败的恐惧！他们对失败的恐惧远远大于对成功的渴望。这也正是大多数人成不了企业家的原因。世界是公平的，有赢就会有输。如果你想要获得成功，就要做好面对失败的心理准备。想要永远生活在波澜不惊之中，只能是幻想。无论你是否愿意接受，生活总是不断地向我们抛出一个又一个的挑战。成功的企业家与普通人的不同之处就在于，遭遇挫折时，他们能迅速恢复斗志，并从失败中汲取教训，然后继续向着目标前行。成功的企业家明白，挫折能强壮他们的肉体和精神，从而为接下来的挑战做好更充分的准备。当挫折和挑战将众人击溃的时候，那些拥有"金手指"的企业家却越战越勇，不断获得更大的胜利。

课堂不是商业社会

许多人都有这样一个疑问：如果学校里成绩最好的学生是最聪明的，为什么他们很少有成为企业家的？答案很简单，因为在课堂上，尖子生的目标是尽可能少犯错误。在他们看来，"失误""失败"都是糟糕的词汇，他们也因此谨小慎微地避免着一切可能的错误。然而，在真实的创业过程中，只有那些不怕犯错的人才能以最快的速度成长，成为最终的赢家。商业社会是眷顾这类人的。

这意味着，传统的教育体系要么教学生如何避免犯错，要么迫使学生在面对挑战的时候选择犹豫，并谨小慎微地处理问题。这都不是最佳的应对方式。有些人甚至在面对困境时无法抉择，从而失去了最基本的判断能力。看看周围，你会发现大多数人都在这种为风险担惊受怕的过程中耗尽了自己的一生。他们的选择多是找一份稳定的工作，每月领取工资，而非创办自己的企业，获得大量的财富。这种选择本亦无可厚非，只是希望你能想清楚自己到底想要什么。

相对而言，企业家在学校里多是一些学习成绩并不理想的学生，但他们热爱挑战。他们不仅敢于面对失误、沮丧与挫折，而且接受它们的存在。他们知道历经苦难是成为企业家的必修课。实际上，他们并不喜欢品尝失败的滋味，但是在面对失败时，他们并没有选择逃避，而是勇往直前。在应对挑战、克服困难的过程中，他们获得了更强大的力量，并成了更加睿智、更加富有的企业家。

大多数的商学院都在教学生如何降低风险，所以那些课堂上的尖子生会视风险为敌。然而，在企业家看来，风险是挑战，而不是敌人。在风险面前，他们会被激发出无穷的创造力，并表现出超凡的自信。成功之时，他们会获得巨大的成就感，为之后的发展点燃更高的热情；犯错之后，他们的性格将得到磨炼，从另一方面增强了自己的实力。

问自己几个问题

如果你还不了解自己是否具备企业家应有的性格韧度，那就重新审视一下自己吧。你可以试着回答一下下面这几个最基本的问题：

- 你是如何对待失败的？
- 你是如何对待恐惧的？
- 你是否愿意冒着失败的风险，在没有收入的情况下，为一个项目投入数年的时间？

- 你是否遭人背叛过？
- 遭遇背叛后，你是如何处理的？
- 你的抗压能力如何？你是否能在身陷困境时对合作伙伴依然保持忠贞，而不是选择背叛？
- 当别人犯的错却要由你来埋单的时候，你会怎么想？你会解雇自己的家人和朋友吗？
- 你是贪婪之人还是慷慨之人？
- 没钱的时候，你有何感想？
- 没钱的时候，你会打电话向父母求助，还是找份工作，抑或是怨天尤人？

如果你无法对上述问题给出明确的答案，或者无法做到客观公正，那就找个敢说真话的朋友，问问他的看法。你要明白，想要获得成功，必须先学会听取反馈意见。所谓"忠言逆耳利于行"，如果你无法接受负面评论，我们劝你还是不要开始创业。创业对企业家来说就是一个不断接受各类反馈并进行有机整合的过程。无论你多么能干，外界对你的反馈不可能永远都是积极的。因此，你必须学会虚心接受别人的建议和意见。在市场上，如果你的产品无法获得消费者的认可，他们根本就不会掏钱购买，这是反馈；如果你给员工安排了一项工作，他们却反其道而行之，这是反馈；如果你发现自己信赖的合伙人从公司偷钱，这也是反馈；当投资者当面拒绝了你的融资申请，这还是反馈。

敢说真话的朋友会对你进行客观的评价。也许这个过程很痛苦，但你一定要勇敢面对。无论他们的话有多难听，请不要打断他们，坚持听完，就当这是一次磨炼意志的机会。你必须经得起这样的挑战才行。正如我们常说的，从朋友那里得到的反馈要比你从市场上得到的反馈直接得多，代价也要小得多。

通过阅读本书，你会发现成为一名成功的企业家，不单单是拥有好的产品、足够的资金、良好的教育和完备的企划方案那么简单。在创业的道路上，你最需要的是"能力"。这里所说的"能力"并非那种流于表面的"能力"。

能力的7种类型

霍华德·加德纳是哈佛大学教育研究所的发展心理学教授，他主要研究认知及教育。根据他提出的多元智能理论，能力共分7种。这7种能力中的任何一种都是点石成金的关键。如果你掌握了这7种能力，就能获得点石成金的本领。

加德纳认为，不同的人可以通过不同的方式进行学习、处理信息。无论你是否认可加德纳的理论，有个事实是不容置疑的：每个人都有自己擅长的领域。通过不懈的努力，许多人在自己擅长的领域里成为了佼佼者。

在这7种能力之中，有一种能力对于企业家的成功至关重要。你无需天生就具备这种能力。然而，如果你目前还不具备这种能力，你就必须想办法补上。接下来，让我们逐个看一看这7种能力，你能不能猜到哪一种是对于企业家的成功至关重要的能力？

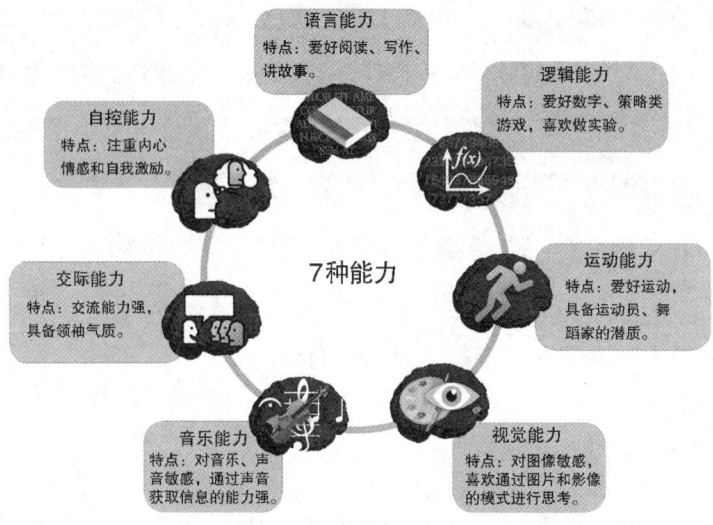

图1　霍华德·加德纳提出的"7种能力"

语言能力

学校里的优等生大多都具备这种能力。他们的阅读、写作能力很强。考试的时候，他们能凭借引经据典取得高分。在商业社会里，具备语言能力的人最适合当律师。

逻辑能力

具备这种能力的人大多钟爱数字，喜欢解决数学方面的难题。在生活中，他们对数字非常敏感。

他们通常也都是学校里的优等生，而且很多人会选择攻读硕士甚至博士学位。他们大多会留在教育领域，成为教授或研究员，也有可能到公司或政府部门工作。他们所从事的工作大多和数学有关,比如会计、计算机和金融等。

运动能力

运动员都具备这种能力。他们之中最优秀的那群人可以成为职业运动员或舞蹈演员,也有一些人适合从事与健康、休闲相关的工作。

视觉能力

具备这种能力的人大多爱好美术。他们会进入美术类院校学习,最优秀的那部分可以成为艺术家。在商业社会里,他们通常会成为建筑设计师、室内设计师、美工或网络开发人员。

音乐能力

具备音乐天赋的学生大多梦想成为摇滚明星或是乐队的主唱,有些人甚至渴望到交响乐团工作。他们顺手拿起一件乐器很快就能玩转。他们听着音乐就能记下乐谱。如果他们毕业后能从事与音乐相关的工作,肯定会乐得合不拢嘴。

交际能力

这项能力是职场中的一项重要技能。政客、市场专员、销售人员和广告人员都必须具备这种能力。具备交际能力的人能迅速拉近与陌生人之间的距离,并结识到新朋友。

自控能力

如果说交际能力指的是与外界的交流的能力，那么自控能力就是与自己的交流能力。拥有这项能力的人能够很好地控制自己的思维。

自控能力也常常被称为"情绪控制能力"。这是一种控制自己的各类情绪（如恐惧、贪婪、愤怒、悲伤和爱慕）的能力。比如，当你感到恐惧的时候，你是选择逃避还是勇敢地面对并做出适当的决策？当你感到愤怒的时候，你是选择口无遮拦地爆发还是压下怒火来冷静面对？这些都是自控能力的体现。

自控能力还被称为"成功能力"，因为它对于成功者而言是必备的。比如，某人的语言能力极强，但如果缺乏自控能力，他的天赋终将荒废，到头来一事无成。天赋异禀的运动员如果不进行科学的训练，便无法取得过人的成就。那些音乐方面的天才也是一样。你应该听过足球评论员经常说的"通过意志赢得比赛"吧？评论员想要表达的意思是，获胜的足球选手拥有很强的自控能力。

在本书中，自控能力即指大拇指。它为企业家带来了无可比拟的竞争优势。自控能力帮助企业家下定决心，敢为天下先。相信你身边有很多学校里的"好学生"，他们进入社会后却无法适应。这部分人的语言能力和逻辑能力都很强，但他们缺乏自控能力，因此无法应对社会中的种种挑战。

那些沉溺于毒品、垃圾食品、性或者香烟的人，大都缺乏自控能力。换句话说，一个人想要改掉自身的坏习惯，需要有很强的自控能力。

自控能力对于"延迟享乐"也非常重要。自控能力差的人常常会屈从于自己的欲望，他们希望获得即时的满足，因此会表现出以下状态：心情不好就去购物，无聊时大吃大喝，紧张时就酗酒，用学习的时间看电视，遇到挫折就后退，该缄默时却失去理智，甚至为自己犯下的错误埋怨他人。

相信之前那个问题的答案已经不言自明了，自控能力便是那个对企业家来说至关重要的能力。

你需要提升自己的自控能力吗

答案是肯定的。但是，这项能力无法通过读书、听讲座等方式获得，只有通过实践你才能不断提升这一能力。随着自控能力的提升，我们相信你一定能成为一名优秀的企业家，成就一番事业。对于企业家来说，自控能力的提升是一辈子的事情。看着你的大拇指，下次碰到困难和挫折的时候你一定要勇敢地面对。每次遭遇困境都是磨炼意志的好机会。经历的挫折越多，你就会变得越坚强，点石成金的本领也就越强。

要点和行动

大拇指代表着坚毅的性格。要想成为企业家,你就必须拥有足够坚毅的性格。

- 能力一共分为 7 种不同类型。对于企业家来讲,最重要的莫过于自控能力。一旦你掌握了这种能力,就能避免陷入偏执的境地,避开成功路上的地雷。
- 无论你是否接受,反馈意见总是会主动找到你。因此,一定要学会接受它。成功的企业家乐于接受反馈意见,并能让它转化成为自己的优势。
- 成为企业家并不是一夜暴富。创业的路上,各种牺牲是在所难免的。想要坚持下来,坚毅的性格不可或缺。
- 校园智慧与街头智慧完全不同。要想成为企业家,你得具备街头式的坚强意志。
- 坚毅,并不是要你成为傲慢、刻薄、难以亲近或专横跋扈的人。坚毅是一种态度,代表着戒律、决心和动力。找到属于你自己的那份坚毅。
- 市场起起伏伏,将你一次次抬起又一次次摔下。能够点石成金的企业家会在受到挫折后再一次站起来,弹去身上的灰尘,继续前行。

第二章

金手指之食指：专注

"集中精力，专注于手头的每一件事。聚焦之后，阳光才能点燃出火焰。"

——亚历山大·格雷厄姆·贝尔

专注于竞争，专注于生意，专注于生活

罗伯特·清崎

  1971年6月的一天，我朝着自己的飞机走去。这次飞行跟以往有所不同，我要驾驶的是跟过去两年所驾驶的教练机截然不同的直升机。它装载着火箭发射器、四挺由驾驶员直接操控的重型机关枪，以及两挺由专人操控的机载重机枪。养兵千日，用兵一时，飞机变了，我也要学着改变才行。

  那天之前，我驾驶的飞机上只有三名机组成员：我和一名副驾驶，还有一位乘务长；而且，飞机上不配备任何武器。可是那天，我驾驶的直升机却带着火箭发射器和六挺重机枪，几箱弹药，还有一共五人的机组成员，一切都变得不同。由于重量的增加，飞机的反应速度也会变得迟缓。每一个飞行动作，我都必须提前做好准备。整个飞行过程会变得更加难以操控。从那天起，我的飞机不再是教练机，我面对的也不再是训练场了。

越战故事

  正式参战之前，我在位于佛罗里达州的彭萨科拉海军飞行基地（Naval Air Station Pensacola）接受了两年的飞行训练。1971年4月，我被正式授予海军陆战队勋章，那是我此生中最骄傲的日子之一。毕业后，我穿越整个美国，驱车来到加利福尼亚州，在圣迭戈以北50英里的彭德尔顿海军陆战队基地接受更高级别的训练。

从彭萨科拉的飞行学校毕业之后，我的大部分同学都被分配到了后勤运输编队。不用多解释，后勤部队和战斗部队是完全不同的。他们驾驶的都是些大型运输机，比如CH-46"海骑士"运输直升机、CH-53"海上种马"运输直升机等。只有包括我在内的少数几个人被分配到了战斗编队，负责驾驶"休伊"直升机①。

我在彭德尔顿碰到的第一批飞行教官就是刚从越南战场归来的军人，他们跟我以往见过的飞行教官很不一样。在这里，教官更加严厉、少语，而且缺乏基本的礼貌，对士兵的容忍度很低。尽管按规定我已经正式加入了海军陆战队，但新的实战教官却还是像对待菜鸟一样对待我。1971年4月到6月，我经历了各种测试，完成了很多连自己都不敢相信的高难度动作。只有当飞行员过了这一关之后，火箭发射器和重机枪才会被加装。此时，真正的高阶训练才会开始。如果过不了这一关，他们就只能回到办公室，改做文职工作。

---

① "休伊"（Huey）是美国越战时期的主力直升机,包括UH-1直升机和"休伊眼镜蛇"武装直升机。——编者注

《壮志凌云》①这部电影就是在彭德尔顿的训练基地拍摄的。尽管这部片子被极大地"好莱坞化"了，但却较为真实地描绘出了战斗机对战训练的紧张程度。在那种条件下，飞行员仅仅达到"好"的标准是远远不够的。

在彭德尔顿，我们还就空对地作战进行了训练。这意味着，飞行员需要进行超低空飞行的演练。后来我了解到，在越战中，战斗机飞行员从参战到阵亡的平均时间为31天。而且随着对手战斗经验的提升和武器装备的改善，这个时间仍在不断缩短。因此，我们的训练也就变得更加严格。

如梦初醒

当我的直升机装载上火箭弹和重机枪的那一天，我才真正如梦初醒。在那之前的许多年，我都只是个成绩普普通通的学生。无论是在小学、中学还是在军校、飞行学校，我的成绩都平淡无奇。

因为我一直很懒惰，所以得到这样的成绩也不足为怪。我知道，根据学校的教学模式，学生们的成绩呈橄榄型分布：每个班级都有成绩好的、普通的和差的学生，但成绩好的和差的都是少数，大多数都是成绩普通的学生。

作为成绩普通的中间层，我自得其乐。待在中间层，我只需要做两件事情：

---

① 1986年上映的美国电影。大批美国青年在该片的感召下应征入伍。——编者注

（1）知道谁比我笨。只要有几个比我笨的同学我就安全了。

（2）清楚老师教学的重要知识点是什么。记住重点，再去参加考试。

虽然这并不是什么值得自豪的事情，但在大多数情况下，我都能让成绩保持在中等水平。可就在1971年6月的那天，当我走向那挂着火箭弹装载着重机枪的直升机时，我意识到，我要与之前的小聪明说"拜拜"了。如果我还像之前那样不思进取，全部机组成员都可能会因此而失去生命。

1972年1月，我们停落在越南近海的一艘航空母舰上。几个星期后，我参与了岘港①的一场战役。越军从山顶向我的直升机猛烈开火。已经是第三次来越南的乘务长拍了拍我的头盔，然后抓住我的面罩，好让我面对着他。他说道："你知道今天最糟糕的是什么吗？"

我摆摆手，回答道："不知道。"

他冲我大声喊道："我们和他们，只有一方能够活着回去。不是他们死，就是我们死。"

企业家，你准备好了吗

当企业家下定决心开始创业的时候，跟飞行员驾驶着满载弹药的飞机奔赴战场非常相似。无论是在战场上还是在创业过程中，仅仅做到"好"是远远不够的。正因为如此，90%的创

---

① 越南中部港口城市。越战时期，这里是美军的军事基地。——编者注

业者都撑不过最初的五年。如果我还继续抱着之前那种得过且过的态度,现在就不可能有机会和唐纳德·特朗普合作出书了。我要么在战场上牺牲,要么已经沦为一个平庸的人。可是,唐纳德是不会接受"平庸"的。

我并不是要求每个企业家在创业之前都去海军陆战队锻炼一番。我从驾驶教练机训练到驾驶战斗机参与实战的过程就好比现实生活中一个雇员进化为企业家的过程。当人们失去稳定的工作、每月再也不能按时领薪水、各类保险还有养老金也无从谈起的时候,就好比坐进一架刚刚装载好武器的战斗机。在这个全新的世界里,最基本的生存都会变成一种挑战。如果你想载誉而归,你就必须做到出类拔萃。

学会专注

我的学习成绩之所以平平,除了自身的懒惰之外,注意力不集中也是原因之一。医学上有种病症叫"注意力缺失症"(ADD,Attention Deficit Disorder),当时的我就是此类病症的典型患者,根本无法在自己不感兴趣的事情上集中注意力。我不喜欢学校,觉得待在那里是一种折磨。然而,每当起浪的时候,我都会拿起冲浪板去玩耍一番。这才是我的兴趣所在。从飞行学员转为战斗机飞行员的蜕变对我来说是一件天大的好事情。我得实实在在地做一回学生,我得学习。为了自己和其他机组人员的生命,我必须学会专注。我要像面对大浪那样来面对眼前的战争。在战场上,只有生与死的选择,没有所谓的第一与第二。战争，通过这种诡异的方式将我的好胜心激发出来。创业的过程，也是如此。

无处不在的"专注"

"专注"是一个简单的词语。正是因为简单，它常常不被人们重视。大多数人忽略了这个词语中蕴含的力量。专注的人，可以将其他各种能力聚集起来，集中精力完成手头的工作。专注是获得成功的必备素质，成功的人必定是专注的人。

我们身边有很多漫无目的的人，他们就是缺乏专注的代表。当事情开始变得困难时，他们纷纷退却，被各种各样的小事（如金钱上的损失）挡住了前进的步伐。许多人甚至还没有起步就被心中的担忧和恐惧吓得摔倒了。

我们都见过那些声称要减肥却因为受不了美食的诱惑而迅速放弃的人。想要健身却又半途而废的人也不在少数，他们停止锻炼之后还大肆饮酒，甚至熬夜、抽烟。当然，我们见得最多的还是那些想要变得富有却被各种理由（比如"我没有钱""我没有时间"）挡了回去的人。他们整天想着辞掉工作，却担心每月还不起账单，因此不得不忍受每天8小时的办公室生活。

健康、财富与幸福都是专注力的体现。所谓"专注力"，就是充分动用自身的能量来实现梦想的能力。专注的人，他们往往更健康、更富有，也更幸福。

为自己而专注

专注力是可以通过学习和锻炼而得以提升和改善的。我就是活生生的例子。通过飞行学校的测验并成为一名飞行员所需要的专注力,我想我是具备的;而成为战斗机飞行员所需要的那份专注力,我认为自己是欠缺的。它需要飞行员驾驶一架装满弹药的直升机飞越丛林,对准地面那些想要击落自己的敌人,在分秒间决出胜负。这份专注力,可不是说说那么简单。如果敌人比我更加专注,安全回去的就会是他。通过努力,我具备了这份专注力。今天,我还将这份专注力用在生意场上、饮食控制中,以及锻炼身体方面。一旦我决定做某件事情,一定会说到做到。

每个人专注的东西各有不同,因此大家才会有差异。大多数人的关注点都放在了安全、稳定上,因此他们无法成为成功的企业家。学校里的尖子生大多追求安逸、稳定的工作。公司里的雇员大多希望自己能按时上下班,按时领到薪水、福利,以及政府承诺的退休金。"安全""稳定"对他们来说是最美好的词语。

1973年1月,我从战场上归来。当时我问父亲自己接下来应该做些什么。他建议我回学校继续深造,拿一个硕士甚至博士学位,然后去政府部门工作。换句话说,他建议我找份稳定的工作,退休后还能老有所养。我当即拒绝了。我知道,自己的那股冲劲会在朝九晚五的日子中被慢慢磨灭。每一天,我都会像当年在学校里那样,等着下课的铃声响起。我之前的经历和那场难忘的战争都告诉我,这样的生活不属于我。

在我表达了反对态度后,他又建议我去当民航飞行员。我身边有很多海军陆战队的飞行员在退役后都选择了这个行当。但是,我却对他说:"爸爸,对于我来说,生活只能前进,不能后退。我已经学会了如何驾驶飞机,也喜欢在战场上与敌人交战。当我从战争的环境中活着回来之后,驾驶民航班机对我来说就像开车回家那样稀松平常。"听了我的话后,他只好无奈地摇头。我知道,自己的选择注定和父亲的不一样,因为我和他专注的东西是完全不同的。

2009年,美国电影《拆弹部队》获得了奥斯卡最佳影片奖。在那部影片中,一名从伊拉克战场返回美国的年轻士兵成为了一名拆弹专家。在战场上,拆弹组的工作绝对算得上是最危险的工种之一。回到"文明社会"几个月后,这名士兵还是选择了返回伊拉克,继续执行拆弹任务。当我刚刚退役的时候,其实也常常想要再次回到战场上去:要么去阿富汗当雇佣兵,要么就去帮中情局(CIA)在全球各地执行飞行任务。我受不了"文明社会"中稳定、安逸的环境,因为我觉得自己的热情在被不断地吞噬。我害怕自己也被吞噬掉,因此便选择创业。

专注的定义

在我看来,"专注"就是沿着既定的道路前进,不获成功,誓不罢休。

"不获成功，誓不罢休"，这简直就是对"专注"的最佳诠释。点石成金的食指，说的就是这股劲儿。要想拥有专注，你就要发挥出最佳状态。

专注需要时间来检验。比如，控制一天的饮食很容易，但要长年累月地坚持下去，就需要痛下狠心。许多人都经历过"节食—体重下降—反弹—再节食"的循环过程，这就是缺乏持续性专注的表现。

金钱的世界也是一样。不少人突然变得富有，不久以后却一贫如洗，那些彩票的中奖者就是绝佳的例子。很多职业运动员耗费了多年的时间进行练习，通过职业比赛赚到了大把的钱。然而，退役后没多久他们就变得身无分文了。原因在于，虽说他们能够专注于体育，却无法专注于管理金钱。

在第一章的内容中，我谈到了拇指的力量，也分享了自己失败的教训。其实，如果没有专注的力量，我也可能早就一蹶不振了。换句话说，大多数创业者失败的原因是他们缺少坚毅的性格（拇指）和专注于成功的精神（食指）。

专注也意味着持续的成功。也就是说，一个人在赚钱之后能够存得住钱，在减肥之后能够维持现有的体重。

作为一名飞行员，我在战场上必须时刻保持专注。因为敌人时刻都想把我的飞机击落。专注，让我保持镇定，拥有清晰的思维和精准的操作。在安全回到航空母舰之前，我一刻都不敢松懈。在商业社会里，专注同样重要。尽管这里没有生与死的较量，但却是金钱之间的博弈。大部分人无法获得成功，很大原因就在于他们缺乏一颗专注的心。专注的人绝对不会说出"做不了""我尽量""明天再做""可能"这样的话。对他们来说,"不计代价""必须拿下"才是头脑中的真实想法。而那些缺乏专注力的人在遇到困难时往往无法继续前行,而是选择退出。更糟的是,他们中的不少人让"不可能""明天再做"这样的想法充斥了自己的头脑,从而不敢迈出一步。

你是否发现:那些缺乏专注力的人也同样缺乏目标。他们不断地徘徊,很多事情浅尝辄止。在投资领域,这些人往往容易听信自称"投资专家"的推荐,购买一些"多样化"的投资组合,而非那些真正表现良好的资产。这就是为什么会有那么多人在投资领域无法获得高额回报并最终在市场崩盘的时候损失惨重的原因。

生活并不轻松

创业者没有获得成功的另一个原因在于他们低估了生活的复杂性。正因为如此,大多数人总是选择轻松的道路。他们遵从简单易行的建议,只关心那些容易实现的小目标。因此,他们永远无法成长。富爸爸常说:"成功的人总是志存高远。随着目标的实现,他们给自己制定的标准也会逐渐提高。一个人梦想的大小,决定了他成就的高低。"

同时,富爸爸也警告我,千万不能成为做白日梦的人。他的意思是,很多人为自己定下了无法实现的目标。那些对钱缺乏概念,却立志成为百万富翁的人是盲目的。他们没有知识,也没有计划,却坐等馅饼从天上掉下来。富爸爸说:"缺乏知识、计划、导师和执行力支撑的梦想,只会造就出'空想家'。"

当我在首次创业中输得一干二净后,每天的念想就是如何才能还清总额将近 100 万美元的债务。我先从小的投资人还起,然后逐个解决。几年后,我终于还清了所有欠款。现在回想起来,在还债的过程中,我和妻子金变得更加精明。我们还为此写了一本名为《如何摆脱坏的债务》的书。我希望它可以帮上某些人的忙。

结婚之后,我和金并没有立志要成为百万富翁。我们的第一个目标是通过投资每月获得 100 美元的现金流收入。实现这个目标之后,我们将目标调高到了每月获得 1 000 美元,之后又调到 10 000 美元。最开始的几个目标听起来都很小,但当时我身负百万美元的债务,每月获得 100 美元的现金流收入,已经是个很高的目标了。

关键在于我和金都有梦想,而且一直保持专注。随着我们的成长,目标也在不断地调高。换句话说,我们的专注带领着我们成长。对于那些无法保持专注的人,迎接他们的可能会是一条舒适的路,但这条路可能会越走越窄。

在学习中获得专注

在越南服役时,那是我平生第一次开始认真地学习。我必须学习,不仅是因为自己即将踏上生死未卜的战场,还因为身上担负着整个机组的重托。我在开始创业的时候也有同样的感觉。我最大的责任就是要保住员工的饭碗。如果连这一点都做不到（的确有几次我没能做到），我会感到异常痛苦。

在学校，我只是一个普普通通的学生，成天得过且过。但在生意场上，我不能延续在学校里的那种状态，我必须不断地学习、读书、参加研讨会，以及寻找新的创意。

在彭德尔顿的时候，我开始意识到每个教官都各不相同。之前在彭萨科拉的飞行学校，教官只是教会我们如何驾驶飞机；而在彭德尔顿海军陆战队基地，教官则教我们如何在飞行的基础上进行战斗并击落对手，而非单纯地驾驶飞机。

我在彭德尔顿学到的东西至今受用。正是从那时起，我开始谨慎地选择自己的老师。高中时，我没法选择听谁讲课。如果我不喜欢讲课的老师，那麻烦就大了：我不但浪费了时间，还会被不称职的老师扰乱思维，连行动都会受到影响。现在，我不会让那种情况再发生了。作为一名企业家，我小心地选择自己的老师；在身边人的选择上，我也非常谨慎。

唐纳德·特朗普是我尊敬的老师之一。我想跟他学习，成为他那样的人，所以我愿意跟他待在一起。大多数学校里的老师给不了我这种感觉。这并不是说那些老师都不好，只是他们并非我想成为的人而已。

当我即将赶赴越南战场那片生死之地的时候才明白，彭德尔顿海军陆战队基地的教官们都是在用自己的亲身经历为我们传授各类知识和经验。由这些亲身经历过残酷的战争的老师来授课，再合适不过了。

回过头来看，彭萨科拉的教官们跟大学里的老师很相似。那里的教官们教学员如何驾驶飞机，如何成为飞行员；大学里的老师则教学生如何避免犯错，如何成为员工。正因为如此，我在创业、投资的过程中会选择那些成功的企业家来做我的"教官"。正如彭德尔顿的教官一样，他们在残酷的竞争中存活下来，是真正值得信任的老师。

当你开始专注于人生目标的时候，就要找到适合自己的"教官"，让他们来传授你想要了解的知识和经验。对于你想要走的路，作为过来人的他们可以给你讲述他们的亲身经验。今天，我的富爸爸公司请来的导师和"教官"都是商界的成功人士。他们是商业社会中的过来人，也会继续和我们一起走下去。

篇后语

战斗机飞行员的经历让我学会了如何保持专注，如何克服自己的怀疑、恐惧，以及如何突破自己的极限。我在战场上学到的东西现在仍然适用于创业。当然，我并不是天不怕地不怕的人，我跟普通人一样，有着各种各样的恐惧。有勇气的人并不是没有恐惧，但是他们能够在感到恐惧的时候做出正确、恰当的反应。我们心中都有勇气，再加上专注，我们就能突破自我，实现目标。在这个过程中，我们终将成为自己想要成为的那个人。

MBA学员没有几个能够成为伟大的企业家，但唐纳德是一个例外。我发现，大多数MBA学员都是奔着稳定工作去的，所以他们大多在大公司里谋一个CEO（首席执行官）或CFO（首席财务官）职位。如果这就是他们内心最真实的目标，那对他们来说，参加MBA课程班就是一个不错的选择。

你应该知道，很多伟大的企业家根本没有MBA文凭，他们中的好多人甚至没有拿到大学毕业证。这其中就有微软公司的创始人比尔·盖茨、苹果公司的创始人史蒂夫·乔布斯、维珍航空的创始人理查德·布兰森，还有迪士尼公司的创始人华特·迪士尼。

今天，很多大学都为学生开设创业课程，但能像唐纳德·特朗普一样毕业后成为企业家的人却少之又少。这是因为大学里的老师大多与彭萨科拉的教官一样，他们将学员们训练成民航班机的飞行员，他们是在为美联航、英国航空等各大航空公司培训工作人员。

彭德尔顿的教官却完全不同，他们会带我们到最危险的前线作战。在我看来，大学开设的创业课程存在很大的问题，因为老师们自己都只是"民航班机飞行员"，却寄望学生们可以在听过他们的课后成为"战斗机飞行员"。商场如战场，只有在商业社会中已经获得成功的人才有可能训练出真正的企业家，并帮助他们实现点石成金的奇迹。

专注的力量

唐纳德·特朗普

　　清崎在前面的内容里提到了战争和军事训练。我自己也上过军校，对海军陆战队飞行员也有一些自己的认识。但无论你是否上过军校，他的观点都是很对路的。专注，是保证生存和成功的重要因素。

　　曾经有位记者来公司采访我，之后便写了一篇标题为《与唐纳德·特朗普共度紧张的一天》的报道。我在公司的日常状态的确如此——紧张、专注。我时不时会觉得做生意就像是在打仗。这意味着你要时刻保持警醒，对工作要做到百分百的专注。

　　我在第一章里提到过，自己在20世纪90年代遭遇财务困境的主要原因就是不够专注。我劝你不要像我那样，在经历失败后才知道专注的重要性。对于专注，还存在着这样一条悖论：专注的同时，你还要具备开阔的视野，只有这样你才能获得成功。你会在本章看到这两者是如何协作的。

　　相信很多人都听说过第五大道的特朗普大楼(Trump Tower)。

它算得上是纽约市的标志性旅游景点,同时,它也是"专注的力量"的最好体现。这个项目颇具传奇色彩。在建造这栋大楼的过程中,为了达到预期的最佳效果,我亲自飞赴意大利寻找产量稀少的枫叶红大理石,并从中挑选出带有黑色条纹的上等品,然后再将剩下的出售给其他人。

特朗普大楼传奇1

挑选大理石发生在整个故事即将结束的时候。在项目刚刚起步时,我花了近三年的时间才从之前的土地持有者那里得到答复。那三年里,我给他写过无数封信,打了无数个电话。终于,我的坚持有了回报,他同意将那块土地出售给我。清崎曾经说过,企业家都会经历一次信仰上的飞跃。对我来讲,这不像是飞跃,更像是水滴石穿式的胜利。

我想在蒂芙尼珠宝店旁建造高层的特朗普大楼,这将会对蒂芙尼店铺的视线造成遮挡。因此,我需要事先获得蒂芙尼店铺的"空中权"。同时,我还需要确保在自己的大楼建成之后不会有人再征收蒂芙尼店铺的那块土地。如果那里建起另一栋高楼的话,我这座大楼的景观就会受到影响。

因此,我开始与蒂芙尼店铺的负责人进行沟通。我需要了解自己的想法是否可行。当时的负责人沃尔特·霍温正在休假,他给我留言说他会在一个月的休假结束后联系我。一个月的时间,其实可以做很多工作,但是,为保险起见,我还是决定暂停一下。幸运的是,霍温对我的想法很是支持。最终,我以500

万美元的价格购得了蒂芙尼店铺的"空中权"。

另外，根据纽约市规划条例的要求，所有开发商在开发项目的时候都要保证30英尺的楼间距。这样一来，我们将面临两个选择：要么修改设计方案，删除原方案中的小院子；要么买下紧邻蒂芙尼店铺的一小块土地。那块土地的所有者是伦纳德·坎德尔，但他压根儿就没有卖地的打算。

然而，我在翻阅资料的时候发现，由于蒂芙尼的店铺紧邻伦纳德·坎德尔的土地，因此，蒂芙尼有权在一定时间内出资收购那块土地。所以，我又去找了霍温，问他是否愿意将收购坎德尔土地的权利一并加到我们的交易中来。霍温对此表示同意。但是，坎德尔却坚持说收购的权利仅限于蒂芙尼，不能转让给其他人。他的话也是有道理的。

我意识到，这个问题可能要通过诉讼才能解决。我将自己的想法告诉了坎德尔。实际上，我和他都不想走到那一步。所以，我们又重新就那块土地进行了谈判，坎德尔最终决定给我100年的租期。这样一来，我不仅有足够的时间进行融资，还避免了因修改设计方案而带来的潜在风险。霍温和坎德尔都是通情达理的人，能和他们合作我深感欣慰。

从与坎德尔谈判到最终签约，我总共只用了一个半小时。这部分看上去好像很顺利，但你也应该看到我之前花了近三年的时间才拿到建造特朗普大楼的那块地。那段时间，我一直在头脑中构建着特朗普大楼，从未迷失方向。我的计划既精确又生动。

在我为建造特朗普大楼而四处奔波的时候，常常会想到罗伯特·摩西[①]。他曾经说过："不破，则无以为立。"对我来讲，这句话非常受用。

特朗普大楼传奇2

在建造特朗普大楼的那块土地上原本坐落着隶属于格涅斯科（Genesco）集团的博威特百货公司（Bonwit Teller）。在收购这件事情上，格涅斯科集团和我都一直对外保密，并有望在几个月内签署收购协议。但当我们的交易信息走漏后，一批投资者突然登门造访格涅斯科，其中就有不少来自阿拉伯国家的有钱人。与此同时，格涅斯科也打起了"价高者得"的心思。

还记得我前面说过自己花了三年的时间写信吗？那些信都是写给格涅斯科集团的一个名叫杰克·哈尼根的人。幸运的是，他曾经给我回复过一封信，里面是一份仅有一页纸内容的收购意向书。我拿着这份意向书找到格涅斯科，告诉他，如果毁约的话，我会将他诉诸公堂，并要求法院冻结博威特这片房产。虽然我自己都不十分确信这份意向书能否成为约束他们的证据，但关键时刻我不得不拉下脸来扮恶人。此时，谈判陷入了僵局。

清崎经常谈起创业之中的风险，接下来发生的事就是最佳的例证。《纽约时报》听说了我们的交易。实际上，这消息是我透露出去的。既然格涅斯科对这笔交易存有二心，我索性就把

[①] 1888—1981年，美国城市规划史上的重要人物，被称为20世纪中期纽约市的总规划师。——编者注

事情公开，跟记者说自己已经与格涅斯科签好了协议，博威特的店铺将在几个月内关闭，之后我会在原址上兴建新的大楼。我想借此给格涅斯科施加一些压力。然而，事情的发展比我想象得还要夸张。就在这条新闻刊登后的第二天，博威特的店员纷纷跳槽。这样一来，博威特百货公司的运营都成了问题。五天后，格涅斯科就与我签订了收购协议。

正如我所说的，商场如战场，我也不是瞎混的。我愿意为自己的目标和梦想做出牺牲。还没有启动特朗普大楼的实际建造工作，我就已经经历过几场"大战斗"。这些背景故事已经表明：要想成功，专注必不可少，有些硬骨头是你必须啃的。正如清崎所说，生活并不轻松。成天想着过安逸的生活，你终将一无所获，生活也会变得一团糟。

企业家只要专注于自己的事业和目标，就一定能掌握在生意场上制胜的秘诀。因此，你要懂得坚持，并承担风险。今天，当人们看到特朗普大楼的时候，只会惊叹于它的魅力。但我会在看到它的魅力的同时，还会回想起一次次为之奋斗、拼搏的场景。所有的努力都是值得的。

专注为我赢得尊重

专注是多种多样的，风险也是。几年前，当我答应为某期《周六夜现场》做客座主持人的时候，我知道自己并不是专业的电视人，但觉得这个过程会非常有意思。这对我来说是一个挑战，同时也有一些风险。就像我刚开始录制真人秀节目《飞黄腾达》

时一样，明知道这件事情一定有风险，但我还是义无反顾地做了。抱着同样的态度，我录制了《周六夜现场》。我的想法很简单，就是想做点新鲜的工作，图个乐子。但不管怎样，我会全力以赴。

答应录制节目很简单，但在录制的时候问题就来了。这是一档直播节目，没有任何剪辑。如果我在场上犯了错，马上会有数百万的观众看到，没有任何补救措施。而且，每期节目的题目都不太一样，因此我必须迅速做出反应，以百倍的专注对待录制过程。我以前喜欢自己决定节目的内容，正如《飞黄腾达》那样。所以，《周六夜现场》对我来说是一个全新的领域。

就在那期节目开始前的那个周二，我与蒂娜·菲带领的制作团队开了个一小时的会，初步敲定了节目框架。到了周四，我们又过了一遍他们所创作的节目框架。

根据节目的设计，我被赋予了多个角色：键盘手、嬉皮士、律师、《王子与乞丐》中的一个人物，以及"特朗普飞屋"的发言人（我身上还穿着黄色西服）。节目以我的独白开场，整个节目的主题就是搞笑、欢乐。但是，制作过程并不轻松。如果我不够滑稽呢？真是有点骑虎难下的感觉了。不但如此，我还要在台词上下工夫，要换几身不同的戏服，还要在不同的角色之间进行迅速切换。

节目开播前的周五下午，整个节目组都在紧张地忙碌着。我对大伙儿说："我来和你们一起干吧！我可以帮上忙的。"我觉得，自己也要投入到紧张的工作中去，以便对周六晚上的整个流程有充分的了解。

周六全天的时间，所有人都很忙碌。我们白天进行了初次彩排，傍晚又进行了带妆彩排，还邀请了300位观众到现场观看。通过这次彩排，我们了解到哪些段子符合观众的胃口，并据此调整节目内容。也就是说，直到节目开播前半小时，我都不知道当晚的节目中会包含哪些内容。我那段扮演浪漫诗人的戏码被无情地砍掉了。不但如此，我还要在最后五分钟的时间里学会一首新曲子。其实，最大的挑战是，我需要记住调整后的节目的流程和顺序，并按照步骤一个一个地表演。为了实现这个目标，我必须全神贯注。

《周六夜现场》的优势在于，它的制作团队和执行团队都由业内的顶尖专家组成，他们将节目做得非常有趣，还能在节目中给我各种清晰的指示。当聚光灯开启、摄影机就位的时候，我感觉非常激动。我在更衣室里打开电视机，看了一会儿高尔夫球赛，然后把整个流程回忆了一遍。一切准备就绪，我也将全力以赴，相信每个人都会享受这期节目的。

事实的确如此。当我身穿黄色西服与一群由临时演员扮演的卡通人物共同起舞的时候，我没有丝毫的拘谨。这一段不仅成为全场最搞笑的部分，也成为当晚最棒的回忆。专注，让我成了当晚的明星。我愿意承担风险吗？当然。这种专注的精神让在场的全体工作人员和电视机前的所有观众都看到了我的付出和努力，并为我赢得了尊重。

办法总比困难多

风险,如同血液一般在我的身体里流淌。小时候,我就梦想着建造摩天大楼。那时,我还用积木搭了一栋。我从弟弟那里借来更多的积木,将那栋楼垒得更高。我还用胶水把它们固定,所以当他想取回自己的积木时,发现全部都黏在了一起,完全无法分离。建造摩天大楼的梦想一直坚持到现在。

纽约特朗普国际大酒店(Trump International Hotel & Tower New York)是一家著名的五星级酒店,它赢得了包括美孚五星奖在内的众多荣誉。这家酒店也是"专注力量"的体现。但是,人们对于它的历史却知之甚少。这里有一段有趣的故事:我用了很长的时间跟踪这栋楼,差点没能竞拍成功。

这栋楼最早是一栋办公大楼,由通用电气公司所有。在我1995年接手的时候,它算得上是纽约西区的几栋高楼之一。它是20世纪60年代建造的,当时的规划条例还没有禁止建造这种高层建筑。

在收购之前我知道这栋楼存在的一些问题。第一,它不是很牢固,刮大风的时候会有些许摇晃,越到高处感觉越明显。每当大风天气,电梯就不得不停止运行,很多工作人员会出现类似晕船的症状。大多数高楼都有同样的问题,但不会这么严重。第二,楼内有大量的石棉,这种物质有致癌的可能,需要进行清除。第三,这栋楼的外立面是由玻璃和廉价的铝质材料装修而成。

当听说这栋楼要出售的时候，我立即给其中的一个股东戴尔·弗雷去了电话。我想问问他，这栋楼除了众多的缺点之外还有哪些优点。我之所以对它感兴趣，是因为这栋楼的建筑风格很经典，层高也比普通楼房要高。而且，如果这栋52层的楼被拆除，按照现有的规划条例，原地只能重建一栋19层高的大楼。

很多大型开发商对这栋楼表示出极大的兴趣，我也抓紧时间召开了内部会议，研究如何对这栋大楼进行修缮。参与这个项目的人员个个都是精兵强将。我们发现，可以通过强化钢结构来提升楼宇的质量。这意味着，我们可以在保存大楼整体结构的情况下对整个楼宇结构进行强化。这栋楼的地理位置得天独厚，它俯瞰整个中央公园，不失为酒店和高档住宅楼的绝佳选择。

在做了大量研究之后，通用电气公司也给了我良好的反馈。然而，当戴尔·弗雷打电话告诉我要将这栋楼对外公开招标出售的时候，我还是吃了一惊。他们邀请了几家知名开发商参与竞标。听到这个消息，我既伤心又失望。但我还能怎么做呢？我很看好这栋楼，只能将骄傲和自尊放在一边，重新再来一遍。

我花了更多的时间来制作方案，把方案的每个细节都做到尽善尽美。为此我拿出了比之前任何时候都专注的态度，以百分之二百的努力进行工作，对每个环节都进行严格把控。就连之前提到的那个石棉问题，我们都对它进行了细致的核算。我要用无懈可击的工作成果为自己赢得最棒的第一印象。清崎在前面提到过，很多士兵在回国后依然要求回到战场，我感同身受。

这一次，我的好胜欲望冲了出来，我不断地苛求自己，将专注发挥到极致。

方案陈述过后，我不记得过了多长时间，通用电气公司终于打电话给我。电话那头都是通用电气的重量级人物，包括杰克·韦尔奇①、戴尔·弗雷和约翰·迈尔斯。他们决定采用我的方案。我实在是太兴奋了，努力终于获得了回报。

按照我们的计划，大楼只需要强化钢结构就可以了。1995年，我邀请菲利普·约翰逊②担任此次改造的设计师，决定将这栋楼改造成酒店式公寓，这在当时绝对是大胆的创新。但在我看来，这却算不上创新，更像是顺理成章的事儿。从那以后，这种模式被拷贝到全世界。这个项目的成功，表明企业家可以充分利用直觉来指导自己完成业务，并省时省力地创造出新的产品或盈利模式。

这个故事又一次证明了不断尝试的作用。作为企业家，双眼要时刻紧盯着成功，不管遇到多少困难都要设法找到解决办法。这就是旧楼换新颜的故事。

说完了酒店，再来说说高尔夫球场。我拥有多个高尔夫球场，但洛杉矶特朗普国家高尔夫球场（Trump National Golf Club Los Angeles）背后却有着一段特殊的故事。故事的内容跟本章的主题很贴切：目标、专注与远见。

---

① 1981—2001年，担任通用电气公司CEO。他被誉为"全球第一CEO"。——编者注

② 1906—2005年，美国著名建筑师。——编者注

这片高尔夫球场紧邻圆石滩（Pebble Beach），正对着太平洋，景色极其优美。然而，我收购它的过程却困难重重——18号洞被海水淹没了，还有周边的其他两个洞也受到了海水的侵蚀。这样一来，原本18洞的球场变成了15洞，而且急需修缮。原来的球场所有人已经破产了。我知道这会是一项艰巨的工程，但却还是想让这片原本美丽的球场展现出新的魅力。我预见到它的潜力，尽管一路上将会遇到种种艰辛，但我还是决定走下去。

我花2 700万美元买下了这片高尔夫球场（包括土地、球场和附属建筑物）。《球道与果岭》(Fairways and Greens) 撰文报道了这笔交易，并且称球场的18号洞"价值6 100万美元"。他们之所以这么说，是因为之前为了修复下陷的17英亩的场地，我总共花费了这么多钱。除此之外，球道的下水管道也发生了泄露，给球场造成了更大的损害。

修复下陷的场地需要增设结构层：用岩石搭建一堵防护墙，然后每10英尺增设一个钢制平台。这是一个极其复杂的程序，花费6 100万美元仅仅是为了这一个洞，但我还是执意要这么做。那股渴望成功的冲劲带我克服了这漫长过程中的种种疑虑。

解决了18号洞的问题后，我面临两个选择：一是维持现状，二是进行翻修。实际上，即便不做翻修，那仍然是一片很棒的球场。只不过翻修以后，这片场地将会成为一片顶级场地。你也应该能想到我的选择——顶级。实际上，翻修工作总共花费了我2.65亿美元（包括之前说的6 100万美元）。但我知道，通过自己的努力，我能让这片球场焕发出最闪亮的光彩。

我还为这片场地增设了一个瀑布和一块练球场,并有幸邀请到了高尔夫球场设计师中的传奇人物皮特·戴伊[①]来这里实践他的创意。这里的每件设施都是顶级的、昂贵的。我们的品牌就代表着精益求精。洛杉矶特朗普国家高尔夫球场一经亮相就获得了巨大的成功。为什么我能做到这一切?因为我的远见,还有贯穿于整个项目中的那份专注。

企业家要想获得成功,一定要有远见。你要相信自己的判断,时时刻刻都要保持自信。只有坚持到底并勇于承担风险的人才有机会获得点石成金的本领。同时,也别忘了学习,每天都吸收一些新知识。我就是这么做的。

---

① 高尔夫球场设计大师,在世界各地打造出超过300个精品球场。——编者注

精　粹

　　作为一名企业家，你能否沿着一条路一直走到成功？当遇到困难的时候，你能否依然保持专注？能否依然紧盯着自己的目标？大多数不够坚定的企业家会说："这是不可能的。"然后，他们会另寻出路。如此一来，点石成金肯定与他们无缘。

　　管理者要有远见，要看得见未来的方向。企业家则不同，仅有远见是不够的，他们还需要专注。也就是说，企业家不但要看到未来，还要将这种远见转化为实实在在的盈利。你会发现，绝大多数具有远见的创业者还是无法获得成功，原因就在于他们缺少行动力，缺乏专注。现在，成千上万的创业型企业都在开发免费软件（比如各类手机应用软件），那些创业者颇具远见，看到了自己产品的潜力，却不知道如何将其转化为企业的利润。当然，有小部分人能够获得成功，但大多数人却无法踏入胜利的大门。

　　我们希望商场上的真实故事可以引发企业家的思考：我的专注力究竟有多高？你可以花上几分钟的时间试着回答下面的几个问题：

- 在困境面前，你能坚持多久？
- 你是一个容易分心的人吗？
- 你的说服能力和推销技巧怎么样？
- 在只有创意和模型而无实际产品的时候，你能说服别人为之投入时间和金钱吗？
- 你是否有操作某个具体项目的经验？
- 你是否已经准备好加入创业者的世界？
- 我们都会怀疑自己。如果发生这种情况，你是否还能继续保持前行的脚步？

如果缺少专注，成功永远只是一句空谈。就拿高尔夫球来说，你认识几个业余的高尔夫球手能打出70杆？肯定没几个。这为数不多的几个人，他们的天资应该都不错，并且在球场上练习的时间也不短。但是为什么他们不是职业球手呢？原因就在"专注"二字上。成功的职业球手非常专注，视高尔夫球为生命的一部分。击球的时候，他们心中会有球滑翔的轨迹，知道怎样让小白球顺利滚入洞中。两种高尔夫球手的区别就在于，职业球手的实际操作能力更强，能让球随着自己的意念滚入洞中。企业家也需要在商场上拿出同样的专注。

食指是距离拇指最近的手指，它需要与拇指配合才能发挥出自己的力量。拇指保证企业家拥有前行的动力，食指则保证企业家时刻紧盯目标。那些具有远见却缺乏行动力的人只能空做白日梦。

专注于适合自己的领域

学校教人们如何成为企业里的好雇员。实际上，大多数孩子在进入学校后都被进行了程序设定：学习—上大学—毕业—工作。因此，很多父母都会这样教育自己的孩子："好好学习，找一份赚钱的工作。"老师也会对学生说："如果成绩不好，工作单位是不会录取你的。"各类媒体也宣扬同样的论调。这就解释了为什么人才市场总是那么红火。人们争先恐后地去当护士、警察、企业管理人员。学校里的尖子生则打定了主意要成为专家型人才：医生、律师、工程师或会计师。他们根本没有想过走其他的路。也难怪，如果他们身边没有人创业，又怎么会有人告诉他们这条路该怎么走呢？因此，创业对他们来说根本就不是一个选项。

下图是现金流象限图，它定义了人们在商业社会中的不同取向。

图2 现金流象限图

清崎的穷爸爸是一位教师,他总是不停地要清崎找一份好工作(进入E象限,成为雇员)或是通过努力学习成为专家型人才(进入S象限,最终成为专家,靠技术谋生)。

清崎的富爸爸则建议他专注于企业(B象限)和投资(I象限)。唐纳德的父亲同富爸爸一样,一直鼓励唐纳德走这两条路。因此,唐纳德从未想过要为别人打工。要知道,这两条路也是极其宽广的。

这也从另外一个角度解释了为什么那么多的企业家会失败。从小到大,他们接受的教育都是教他们如何成为雇员或是专家型人才(如果学习成绩好的话)。想想看,我们身边有谁不是这样呢?没人告诉我们可以向着B象限和I象限努力。

现在,我们来具体分析一下现金流象限吧。你会发现,为什么身处不同的象限创业的难易程度会大不相同。

E代表雇员(Employee)。雇员有很多种,门卫、前台、部门经理和CEO都属于这一类。雇员通常要求是"安全、稳定、有福利的工作机会"。这也是典型的雇员思维。这种思维导致雇员把注意力都放在每月按时发放的薪水、每年的带薪休假及各种福利和晋升机会上。

问题:如果停留在这种思维上,每天只关注稳定的薪水和工作保障,你就很难成为专注的企业家。刚过去不久的金融危机就已经很好地给我们上了一课。你的饭碗有多安全呢?这种安全感是不是你自己的一厢情愿呢?

S代表自由职业者、小企业主或专家型人才(Self-employed,

Small Business Owner，Specialist）。当大多数人辞掉工作开办自己的生意时，他们会选择进入 S 象限。他们选择放弃 E 象限中稳定的薪水和工作保障，自立门户，做自己想做的事情。对 S 象限中的人来说，他们认为：如果想成事，就要亲力亲为。

清崎常说，S 象限中的人都很聪明。因此，这个象限中有很多医生、律师和会计师，他们的专业性很强，工资也很高。另外一些 S 象限中的人是房地产中介、商业顾问、餐饮业老板、美容店老板，以及其他一些自由职业者。但是，还是有很多人选择停留在 E 象限，而不是向 S 象限发展，其原因就是他们舍不得丢掉稳定的薪水和福利。

问题：身处 S 象限之中，如果你停止工作，收入也会立刻停止。E 象限中的雇员有带薪休假、病假、探亲假等各类假期。大多数 S 象限中的人可没有这种享受。尤其是在创业的初期，繁杂的事务可能会让人一天 24 小时都抽不开身。而且，没人会保证你的付出能有多高的回报，很多创业者可能会经历好几年都没有收入的困苦境地。另一个问题是，S 象限中的人承担的税赋是四个象限中最重的。

B 代表企业家（Business Owner）。拥有 500 名以上雇员的企业家，即使缴税的话也是纳税最少的。与 S 象限中亲力亲为的做法不同，B 象限中的企业家的任务是寻找适合为自己企业工作的人。他们也许并不是最优秀的人，但却能召集优秀人才为自己工作。借由那些聪明人的能力和时间，他们可以获得凭一己之力无法实现的成就。大多数情况下，B 象限中的企业家会聘请 E 象限和 S 象限中的人来为自己管理企业。

问题：S 象限中的人很少能够带领自己的企业进入 B 象限。因为，B 象限需要完全不同的技能，以及更强的专注力。从 S 象限到 B 象限的转变并不容易。然而，一旦成功，财富之门就彻底打开了。出于对财富的渴望，很多人期望着跳过 S 象限，直接从 E 象限进入 B 象限或 I 象限。这个跨度有些大，我们两人都无法对这种想法表示认可。我们都有各自的"富爸爸"做导师，但还是从小做起，逐步累积经验，最终进入到了 B 象限和 I 象限。我们真诚告诫那些胸怀大志的企业家："先保住自己在 E 象限中的工作，利用业余时间进入 S 象限。"我们都比较喜欢网络营销机构。通过这些机构，你能不花钱就得到很多商业技巧方面的培训。除此之外，你还能磨炼自己的交际能力和自控能力。还记得吗？这两项能力可是成功者的必备要素。

I 代表投资人（Investor）。很多 E 象限中的雇员都能在退休之后获得退休金，以及相应的其他福利。在美国，最常见的养老金计划当属 401（k）[①]。大多数 S 象限中的小企业主也有专为其设置的退休计划。这意味着 E 象限和 S 象限中的人在养老方面都是有投资的。但根据清崎的定义，这并不代表他们进入了投资者的行列。所谓"投资"，要比单纯地缴纳养老金复杂得多，技术含量也高得多。点石成金的投资，是要运用别人的资金，通过各类投资工具实现资本的增值。这就是其独特的地方，

[①] 美国的一种由雇员和雇主共同缴费建立起来的养老保险制度。——编者注

也是富人和中产阶级的区别所在。我们最初购买房产的经历都是运用资金杠杆的最好例证：借用银行贷款进行投资。尝试借贷投资并在日常生活中熟练运用这一技能，这是在 B 象限和 I 象限中成就点石成金本领的重要课程。通过不断地练习、犯错、学习，我们最终领悟了赚钱的要义。我们知道如何去寻找人们愿意投资的商业机会，甚至将公司打造上市。我们通过运用其他人的资金帮自己和他人赚到了钱。这是很多企业家梦寐以求的能力。

问题：身处 S 象限中的小企业主很难融资成功。即使他们了解融资的门道，投资人还是很难给他们投资。只有拥有了向 B 象限进军的决心，I 象限中的投资人才会情愿通过债权或股权的形式向他们提供资金。如果 S 象限中的小企业主还没有做好准备，他们融资的范围就只能局限于家人、朋友或政府推广的中小企业贷款等途径。他们的融资之路在一定程度上受到很大的制约。

你也可以从另一个角度想想看，那些管理着巨额养老金的投资经理在选择投资方向的时候会如何筛选？这些来源于 E 象限和 S 象限的投资款，最终都会流入 B 象限和 I 象限。换句话说，E 象限和 S 象限为银行和金融机构输入资金，而 B 象限和 I 象限则是资金的最终使用者。他们通过银行和金融机构获得资金支持，从而更快地致富。

一旦了解了现金流象限图背后的规律后，你就会明白为什么每一个企业家都想进入 B 象限和 I 象限。这也是企业家真正应该努力的方向，尽管跟学校的教育思路大相径庭。

专注于资本

当你开始关注B象限和I象限的时候,恭喜你,你已经开始关注如何成为一名企业家或投资人了。真正的企业家或投资人并不是为钱工作的。他们的关注点在于通过管理资本和运用资金杠杆为自己累积财富。美国的税法在向E象限和S象限征税的同时,也给予了企业家和投资人多种多样的税收优惠政策。在B象限和I象限中赚到的钱越多,他们承担的税赋就越少。这并不是说制定的税法有问题,而是国家期望能够诞生更多的企业,从而为社会创造更多的就业机会。

你也许会说:"等一下!我知道有些人的工资非常高,外科医生恨不得每天枕着钱睡觉。"你说的没错,E象限和S象限中不乏赚钱高手。然而,我们之前很清楚地讲过,资本市场中的大亨和传奇人物都是企业家,他们所处的象限都是B象限或I象限。史蒂夫·乔布斯、比尔·盖茨、理查德·布兰森、谢尔盖·布林[1]和马克·扎克伯格[2],这些堪称"炼金术大师"的成功企业家都是在B象限和I象限中获取财富和声望的。他们在B象限中创建了自己的企业,然后再从I象限中获得资金,让财富的雪球越滚越大。

---

[1] Google公司的创始人之一。——编者注
[2] 美国社交网站Facebook的创始人。　　编者注

视野要开阔

在学校待的时间越长，视野就会变得越狭窄。这是因为，随着学习的深入，人都会慢慢变成某个领域的专家。想想看，从中学、大学、硕士、博士这一路读下来，你是不是越来越专业了呢？如果你数学成绩优秀，很可能会成为一名会计师；如果你的阅读和写作能力突出，法学院很可能成为你的归宿；如果你读了新闻学，很可能最终成为一名记者或专栏作家；如果你在自然科学领域的天赋极佳，很可能会去学医，并在学习、实习多年后成为一名医生；如果你对商业感兴趣，大家会顺理成章地推荐你去读个MBA。

当你获得了一堆文凭之后，你会发现高处不胜寒。虽然你成了某个领域的专家，却失去了成为通才的机会。

我们两人则完全不同。我们的知识面很广，能在很多领域游刃有余。我们就是所谓的通才，而非某个专业领域的专家。

你的大局观还在吗

我们之所以在这里引入"专家"和"通才"的概念，是想说明：如果你在某一领域过于专业，很可能会丢失大局观。每当人们开始强调自己的专业领域并联系起"找个好工作"这样的教诲时，他们就已经放弃了成为一名企业家的梦想。每天生活在各类工作琐事中，创业、B象限、I象限对他们来说只能是空闲时做做的美梦罢了。如果你也处于这种状态之下，那可要当心了。我们希望这段内容能对你有所警示。

企业家该如何做

就我们的经验而言，企业家都是通才。他们需要找到合适的人来为自己工作。他们将企业和人才组合在一起，创造出价值和成功。

下图为B-I金字塔模型指出的企业成功的8个要素。点石成金的企业家要承担金字塔外围的几个任务，他们雇来的专家则需要在金字塔内部发挥作用。这个金字塔模型很好地说明了为什么大多数企业家都难逃失败的命运。E象限和S象限的人在进入B象限和I象限的时候，都会被这8个要素压垮。

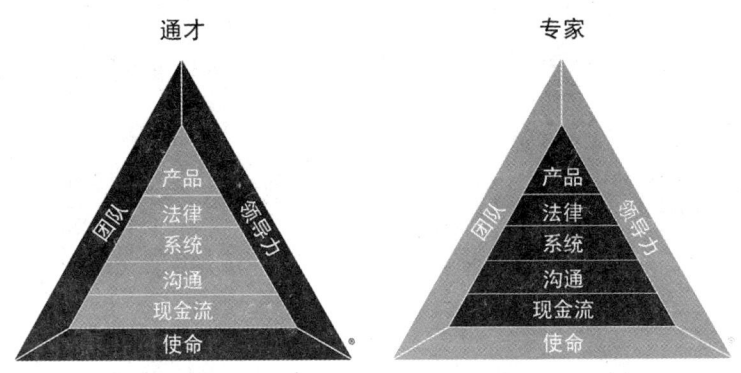

图3 通才与专家的B-I金字塔模型

举个例子来说吧。有个女孩手里有非常棒的朱古力蛋糕配方，因此，她的蛋糕店的生意很红火。既然这么多人都喜欢她的蛋糕，干脆把店做大点吧！然而，在扩张之后她才发现，自己爱好和擅长的是烤制蛋糕，但现在却不得不兼顾会计、销售、市场、法律等方面的工作。更糟的是，她对这些方面一无所知，所以什么都做不好。随着挫败感的一再降临，她想回到过去。记账、处理法律纠纷、市场推广、销售，这些事情她一件都不想做，她只想烤制蛋糕。你听懂我们想要表达的意思了吧？你想要把每件事情都完成得漂漂亮亮几乎是不可能的。无论你在学校里能考多少个满分，在商业社会里依然会被三振出局。

我们两人的共同之处就在于，我们都上过军校，都知道该如何完成金字塔外围的几个任务。军校教会了我们如何成为好的领袖，这对于创业来说至关重要。作为企业家，制定方针、组建团队、激励团队和带领团队是必需的任务。如果说军校教给我们的是金字塔外围的3个要素，那么，传统学校教给人们的就是金字塔内部的5个要素。

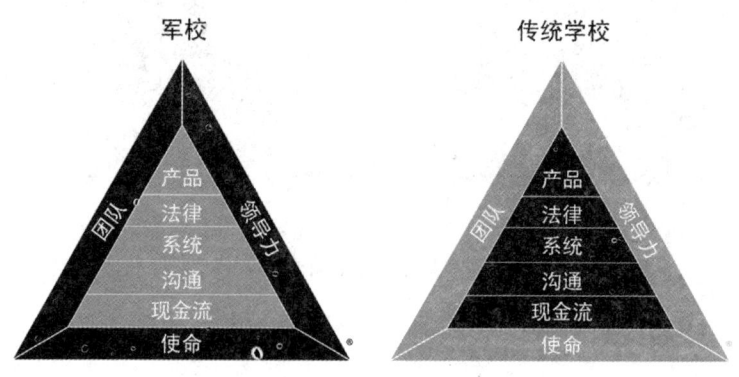

图4 军校与传统学校的B-I金字塔模型

构建企业基础的三要素

我们在军校里究竟学到了哪些技能呢？下面的三大要素都是我们通过实践获得的结论，希望它能对你有所启发。

使命

这是企业存在的精神基础。在军校里，第一堂课就是让学员们意识到使命的重要性。大多数企业都不重视使命的重要性，只是走走过场似的制定出几条宣传标语。实际上，他们错过了为企业带来精神力量的大好机会。

团队

一些人认为，军校只是教会学员如何服从命令和应对各种任务指派。我们都深知遵从指令的能力也是专注的能力。当每个人都能专注的时候，整个团队就具备了优秀团队的基础。在军校里，团队协作并不是某项教学课程而是每天的生活，学员每分每秒都在亲身实践这一技能。

相反，传统学校却不怎么传授团队协作。在学校的体育课上也许有一些所谓的"团队协作"活动，但学生们进入教室之后，每个人又开始为更高的分数暗自竞争，每个人都在以个体为单位拼搏。在这样一个按照考试分数评定学生等级的地方，考高分的学生就能获得更多的赞誉和奖励。虽然很多学校组织了学习小组，实现了互相帮扶，但到了考试的时候，小组解散，大家还是各自填写答卷。要是有人在考试中"互帮互助",他就会被老师以"作弊"论处。

在军校里,想要生存就要学会合作。在企业里,合作是成功的基石。单凭自己的力量,任何人在商业社会中都是寸步难行的。因此,传统学校教给我们的是如何竞争,而不是如何合作。员工们来到工作岗位上,他们想的尽是如何竞争,而不是怎样与同事进行协作。他们为了升职而竞争,为了更高的工资而竞争,为了更大的办公室而竞争,甚至为了没有什么实际意义的名号而竞争。企业家所面临的最大挑战之一,便是如何打破员工们固有的竞争思维,换之以合作的思维。要想实现这个目标,企业家需要很强的领袖气质,企业则需要正确的公司使命。

领导力

在军校的时候,我们通过接受和发出指令培养自己的领导力。在当时的环境中,那就是我们的生活方式。任何无法接受或发出指令的人都会被淘汰。那是一个纪律严明的环境,任何人都不例外。

也许你听说过这句话:"没有不好的士兵,只有不好的军官。"军营里的每个人都耳熟能详。它同样可以用在企业里:没有不好的员工,只有不好的管理者。

回想一下你所工作过的公司,如果公司声誉下降、销售额下滑、费用支出过高、士气低落,问题往往是源于管理不善。有责任感的领导人要能够挺身而出承担失败的责任。平庸的企业家责备员工，责怪下滑的经济，甚至咒骂自己的竞争对手。然而，优秀的企业家首先检讨的是自己，找出自己身上的错误，然后从中汲取教训。

如此看来，是要辞掉工作、解散公司，然后到军校里去锻炼锻炼喽？不是这个意思。你可以从生活的各个方面学习领导力、团队建设，以及如何激励团队。我们之前提到过体育运动。担任球队的队长就能让你提升上述几项能力。同样的道理，主持联欢活动、担任社会组织的管理者，甚至负责组织公益活动也能达到类似的效果。让自己身处领导者的位置能培养你的能力、拓宽你的人脉，这对于你在商业领域的发展是大有裨益的。

我们推荐你通过兼职网络营销工作来提升自己的领导力。这些机会能逼迫你结识新人，与更多的人建立联系。结识新人对大多数人来说都是一件困难的事情，但对企业家来说则是必修课。提前练习的好处是显而易见的。你也许会发现，创业这件事情并不适合自己。这样总比你辞掉工作、孤注一掷的时候才发现，代价要小得多。要想进入 B 象限或 I 象限，交际能力是必不可少的。

之所以遵从指令对于培养领导力那么重要，是因为在你学会发号施令之前，一定要知道如何服从命令。只有这样，你和下属之间才能实现有效沟通。很多优秀的人在从 S 象限过渡到 B 象限的过程中失败了，就是因为他们无法和别人进行有效沟通。他们不爱交朋友，也不喜欢构建关系网。他们只能管理10到20个人，却无法领导更大的团队，也无法管理不同背景、不同技能的员工。一对一的时候，他们是高手。但面对一百人、一千人甚至百万人的时候，他们无法自由应对。多亏了军营中的领导力训练，我们两人才得以将影响力覆盖到全世界，对数百万人的生活和工作产生了影响。

商业运营的五要素

B-I金字塔外围的3个要素为内部的5个要素提供了能量。内部的5个要素通常来源于传统的学校教育。如果使命、团队和领导力这3个要素中的任何一个表现脆弱的话，内部的5个要素将会因受到挤压而发生变形。问题会随之出现，企业发展减缓、停滞，甚至崩溃。现在，就让我们来看一看金字塔内部的5个要素。对于企业家来说，它们也是商业运营的五要素。

产品

很多企业家都会说："我有一个非常棒的新产品创意。"从B-I金字塔中不难看出，产品只占了金字塔中最小的部分。当然，产品是很重要的，但对于构成商业运营的要素来说，它却最不重要。看到这里，你也许会很惊讶。但仔细想一想，这个世界上到处是各种优秀的产品，其中有很多产品还没等面世就已经夭折了。这个世界不缺好的产品和创意——可能你自己就有不少，缺少的是优秀的企业家，那些能够将产品带入市场并广泛推广的企业家。

大多数处于创业初期的企业家只关注企业的产品。他们将全部时间用在让产品落地、改善产品的性能和质量上。这个过程非常耗时耗力。最后，做出的产品往往没能打入市场，而是被封在箱子里，被人遗忘。成功的企业家知道如何通过构建 B-I 金字塔将产品带入市场。B-I 金字塔不是一个空泛的概念，很多优秀企业家正是通过它构建起了自己的企业。

法律

清崎很早就体会到缺少法律保护的产品根本就不属于个人。清崎的尼龙钱包创意就被无数人盗用过。法律条文之所以重要，是因为它规定了所有权。在尼龙钱包的生意中，清崎本可以申请专利，保护自己的创意。对于唐纳德的房地产生意来说，法律条文规定了房屋、土地的权属和使用限制。

对于企业来说，法律也是不可或缺的，否则，产品的专利和所有权都无法得到保护。通过商标、专利、许可及服务协议，企业可以确立自己的财产，并以此来提升价值并保护资产不受侵犯。如果没有强大的法律团队和严格的法律协议，疑惑、混乱甚至犯罪都是在所难免的，企业的正常运转将会受到极大影响，财富也会随之流失。

系统

商业本身就是一套成型的系统。如果没有这套系统，企业将会面临发展的瓶颈，无法突破创始人个人能力的限制。并且随着企业规模的不断扩大，企业所面临的风险也会变得更高。

人类的身体、路上的汽车都是系统化的产物。我们的身体是由骨骼系统、神经系统、消化系统和内分泌系统构成的，汽车是由刹车系统、动力系统、电子系统和排气系统组成的。每个系统各司其职，和谐地发挥着合力。

企业需要有会计系统、沟通系统、法律系统、供应链系统、生产系统、配送系统及其他系统。关键在于，无论是对于身体、汽车还是企业来说，所有的系统都是严密地配合而发挥功效。无论哪部分出现了问题，整个系统都会随之瘫痪。试想，如果一辆汽车的刹车系统坏了，在高速公路上驾驶它的司机该怎么办？如果一个人每天都抽两包烟，他又怎么能跑过两英里的距离？如果某个企业的会计只知道省钱，一分钱都不愿意花在广告上，企业的业务又该如何拓展？因此，某个系统出现一点小问题，最终都会造成极其严重的后果。

沟通

企业家必须具备良好的交流和沟通能力。这并不是说企业家要通晓多国语言，而是说他们要了解企业运转的各个方面。企业家必须了解法律、会计、市场、互联网，以及其他与企业运营的相关要素。另外，企业家必须知道如何与客户和下属进行沟通，只有这样，他们才能了解到最新的信息，及时针对突发状况做出正确的决定。

在你工作过的公司中，是否有对你的工作毫不知情的领导？如果有，那就是他的沟通工作做得不够，这可是商业中的大忌。

学习商业社会中的"语言"跟学习外语没有什么不同，都需要时间和练习。正如学习外语的最佳方式是旅居国外、融入当地文化之中，学习商业"语言"的方式就是亲身经历、用心体会。作为企业的领导者，企业家还要鼓励自己的团队培养对内、对外的沟通技巧。

现金流

它常常被称为企业的"生命线"。这个描述很恰当。因此，它也被放在了金字塔的最底部。现金流之于企业，如同血液之于人体、汽油之于汽车。少了资金，企业便无法正常运转。当然，人可能遭遇大出血，汽车可能会发生汽油泄漏，企业也可能会陷入资金短缺的困境。如果企业家无法带领企业赚到足够的利润，企业将发生"失血"的状况，从而陷入失败的境地。

现在，你可能已经明白了为什么企业家不能过多地陷入这5个要素（金字塔内部）中去。即便企业家本人是某方面的专家，他还是要拿出领袖的样子，组织各方面的专家共同工作。很多高学历的人在创业的时候并没有意识到这一点，所以局限了自己的成就。他们没能掌握金字塔外围的3个要素，反而觉得自己的专长才是最重要的。他们没有意识到这8个要素缺一不可，必须拼凑在一起才能发挥出功效，从而为企业创造价值。

企业家必须通观全局，通盘把握这8个要素，只有这样才能实现最后的成功。

如何准备

创业很不容易，它犹如一盘很大的棋局。那么，你需要为之做好哪些准备呢？

你首先要具备开阔的视野。以前面提到的蛋糕店为例，你需要在烤制蛋糕之外关注与开店相关的各项事宜。大多数企业家的视野都太过狭窄。如果你想获得成功，就要宏观地了解你的企业，学习企业运转的8个要素。在这个过程中，你能通过实践最直接地学习到企业经营管理方面的各种技巧。

另外，我们也建议你在创业之前就开始累积经验。在了解了8个要素后，你可以先进入E象限，用心地观察B-I金字塔。此时，你能体会到一个企业在运转的过程中哪些方面做得好，哪些方面还有待改善。

在麦当劳打工就是一个绝佳的体验机会。虽然这听起来有点不可思议，但事实的确如此。麦当劳掌握了让企业获得成功的全部要素，堪称全世界首屈一指的优秀企业。无论你是在麦当劳还是在其他企业打工，都要从这8个要素入手，用心观察企业运转得如何。当企业出现问题的时候，试着用B-I金字塔来判断问题出在哪儿。如此坚持一年的时间，你就会与那些只会空想的"创业者"产生质的区别。记住，你不是在做一份工作那么简单，而是在锻炼自己的双手和大脑；你不是在为钱而工作，而是在为学习而工作。

即使你不去麦当劳工作，也一定要去麦当劳的餐厅点一份巨无霸套餐，看看你的餐多久能准备好，收银员又是怎样收钱、找零的。之后找个位子坐下，边吃边想是什么吸引你走进这家快餐店的。如果你的企业也能像麦当劳一样高效地运作——从汉堡、薯条、饮料、纸巾和吸管的采购到对员工的培训——你就能发掘出自己的点金术，从而迈入B象限，获得仅属于少数人的巨大成就。

哪个象限最适合你

四个象限中都有点石成金的机会。E象限中，很多雇员沿着公司的职位阶梯爬到了最高层，成就了自己的梦想，也实现了财富的积累。S象限也是一样，很多专业人士在法律、医学、咨询等领域获得了很高的成就。接下来，你要做的就是判断到底哪个象限最适合自己，你能在哪个象限中实现自己的梦想。如果你对B象限和I象限感兴趣，我们能为你提供合适的教育机会。唐纳德已经录制了《飞黄腾达》。这档真人秀节目很刺激，如果你能在节目中获胜，就将赢得唐纳德提供的一份难得的工作机会。

清崎的富爸爸公司正在开发一个非常伟大的课程，名叫"GEO"（全球企业家组织）。此培训课程为期1~3年，专为那些致力于创业的学员开设，帮助他们获取B象限和I象限所必需的知识和技能。大概在第二年的时间，你能学到如何在B象限中拓展自己的业务。第三年，你能学到I象限中的相关投资知识。很显然，富爸爸的"GEO"课程并不适合每个人，跟其他高级培训课程一样，"GEO"也需要学员投入一定的时间和金钱。它会为你提供老师、工具、培训及各种任务，至于怎么利用它们取决于你自己的选择。如果你上过 MBA 的课程，就会明白文凭不只是上上课、听听讲座那么简单。你需要实践，就像获取点金术那样。在通往成功的路上，没有捷径可走，也没有万无一失的道路。

篇后语

生活中的每件事情都要努力争取。清崎考入飞行学校就很不易。据统计，海军的录取比例为 3 000∶1。在两年的飞行学习过程中，很多学员都会因为不够专注而被淘汰。

清崎由飞行学员转变为战斗机飞行员的过程需要更强的专注力。坐进满载弹药的战斗机后，他意识到自己必须改变。接下来讲述一些更多关于清崎的故事。

当我逐渐适应了战斗机的飞行后，教官又提高了对我的训练要求。在倒数第二堂训练课上，他拿着一个小孩玩的塑料垒球坐进驾驶舱。飞行在沙漠上空时，教官开始用他的垒球敲打我的头盔、手臂和双腿。我转过脸对他喊道："你在干什么？"

"你已经阵亡了，"教官冷笑着说，"我们也被你害死了。"

"胡说什么呢？"我跟他对质道。

"你的注意力分散了,"教官说道,"在沙漠上空,你随时都会受到攻击。再过一个月,等到了越南,你的敌人也会还击。塑料球的撞击就是在模拟子弹飞过你耳边的感觉。当我敲击你的头盔和面罩时,你没能专心集中注意力,这样会害死飞机上的所有人。"

在最后一堂训练课上,无论他多么使劲地击打,我都紧盯自己的目标。我用四枚火箭弹和机载重机枪摧毁了目标,成功返航。

从战场回到商场,正像从一个象限跳进另一个象限,这并不是一件容易的事情。每个象限都需要不同的技能和团队,以及更多的经验和更专注的投入。当你离开 E 象限那个安全、稳定的环境时,你必须保持专注,别管身旁飞来的杂物。如果你能在 B 象限和 I 象限中生存下来,你就能进入财富和成功的世界。这是一个耗费时间的过程,并不是说说那么容易。但如果你想成为一位真正的企业家,又有什么比获得成功更重要的呢?

要点和行动

- 别老想着成为专家,你很可能已经足够专业了。如果是那样的话,试着让自己的经历变得更丰富一些。没必要深究每一件事,但要尽可能多地了解相关情况。要克服懒散、安逸的心理,别被细节蒙住了双眼。

- 在学校待的时间越长,就会变得越专业。随着你掌握的专业知识越来越多,前进的路却可能会越走越窄。尝试参加各类组织及志愿活动,尽可能开拓自己的视野。

- 创业需要通才。多读,多看,多听,你的人生经历就会越来越丰富。拓宽自己的知识面是一件很棒的事情。

- 聘请专家来执行具体的工作,而你的工作是领导他们。运用B-I金字塔来构建你的企业,同时提升自己的领导力。在具体工作上要实现内部授权,从而将自己解放出来,带领团队朝着使命进发。

- 高标准,严要求。如果不够专注,你永远不知道自己有多大能力。找个时间诚实地问问自己,如果不加限制,你想要成就多大的事业?得到答案之后,你还会贱卖自己的时间吗？在这个高度互联的世界里，只要你足够用心，什么事情都有可能做成。

- 在创立自己的企业之前，你可以通过打工积累一些经验。工作的目的是学习，而不是赚钱。向那些把 B-I 金字塔模型应用得最好的公司学习，判断它们哪些方面做得好，哪些方面还有待改善。
- 全面了解企业。要深入地了解企业的各个方面，学习与之相关的各种知识。全面地了解企业能帮助你更快地成长，以便让你成为更优秀的领导者，带领各个层级的员工实现企业的整体发展。

第三章

金手指之中指：品牌

"公司的品牌如同人的名誉一样，要靠努力才能树立。"

——杰夫·贝索斯（美国亚马逊网站创始人）

真假劳力士

罗伯特·清崎

"什么时候买了块劳力士表啊？"富爸爸问我。

"上周从香港买的。"我显得很得意。

"正品吗？"富爸爸问。

"呃……正品，是正品。"我的回答稍有一些迟疑。

"售价多少钱？"富爸爸抓起我的手腕，把表凑到眼前，狡黠地端详着。

"价格很划算。"

"到底多少钱？"富爸爸追问道。

"五美元，"我实在憋不住了，"这是我花五美元买的赝品。"

"我就知道是这样。"富爸爸显得胸有成竹，而后沉默了好久。富爸爸陷入了沉思，好像在思考一些很重要的东西。

"为什么买假的劳力士？"富爸爸回过神来问我，"为什么不买一块真的呢？"

"因为真的太贵了。"答案毋庸置疑。

"你知道为什么市场上会有人专门制售仿冒名牌货吗？"

"因为假货价格低，人们愿意买。"我脱口而出。

富爸爸摇摇头，接着问道："你知道劳力士品牌的价值吗？"

"不知道。"我也摇头。

"你知道劳力士品牌代表着什么吗？"富爸爸问道。

"它是成功的象征。"我回答道，"它意味着一个人自身价值的实现，代表着精英阶层，至少对我来说，它意味着功成名就。我买假名牌的原因就是我想让自己看起来很成功。"

"那么赝品劳力士手表对你而言又算什么呢？"富爸爸盯着我的眼睛问道。

"说明我对成功的渴望，"我回答道，"它代表着总有一天我能拥有货真价实的劳力士手表。"

"你再仔细想想，"富爸爸脸上再一次闪过狡黠的神色，"事实上，假劳力士意味着假冒伪劣，只有没钱的人才会戴仿冒的名表，这才是赝品劳力士手表真正的象征意义。"

"那只能怪正品劳力士表太贵了，我买不起。"我为自己辩护道，"我只是想要一块劳力士手表，又不想花太多钱。我戴着五美元买来的假劳力士表又有谁会知道呢？"

"你自己知道，"富爸爸回答道，"你自己知道你正戴着假的劳力士。事实上，你非常明白劳力士手表是身份和地位的象征，你清楚地知道一块正品劳力士手表的真正价值。所以你才选择戴块假表来彰显自己。"

"我不同意您的看法，"我坚持着，"没人能发现这块劳力士是赝品，买之前我已经仔细检查过了，它几乎可以以假乱真，跟真的没什么两样。"

"但是你自己心里清楚,它就是假的,"富爸爸斩钉截铁地说,"你自以为可以骗过所有人,但你骗不了自己。你的言行就代表着你的为人。现在这块假表的潜台词就是'我赚钱不多,也不成功,买不起名牌劳力士,所以买仿冒品来掩饰内心的卑微,慰藉自己弱小却贪慕虚荣的心理'。"

"没这么严重吧?这有点小题大做了吧?"我颇感难堪,"我不过是买了一块廉价手表而已。"

"这不仅仅是廉价手表的问题,"富爸爸有点着急,"这块假表是仿冒品,是'偷窃'来的东西。如果你愿意买'偷'来的东西,那你认为自己是什么样的人?"

我仍旧不明白富爸爸为什么老揪着这件事不放,为什么对我买假名牌表耿耿于怀。我知道表是假的,是仿冒的名牌货,但那又怎么样呢?这有什么问题吗?这伤害到谁了吗?

见我仍百思不得其解,富爸爸接着说道:"如果你将来想成为一名成功的企业家,了解并尊重品牌的价值是相当重要的事情。如果你足够努力且幸运的话,也许将来你会拥有自己的品牌,你的企业会成为下一个通用电气、可口可乐或麦当劳。但是,如果你为人浮夸,你的事业也将会是空中楼阁,难以为继,就更谈不上创立传世的商业品牌了。"

那时我当然无法同意富爸爸的观点,甚至有些听不下去了,作为一个理智的成年人,我决定不再反驳,用沉默结束争执。可是富爸爸并没有要停下来的意思。

"如果没有形成自己的品牌，你的成果就只能是普通商品，在激烈的市场竞争中随时有可能被淘汰出局。"

"普通商品有什么不好的？"我反问。

"如果你甘愿平凡的话，没什么不好，"富爸爸回答道，"鲍比汉堡和麦当劳之间有什么差距？作为著名品牌，麦当劳的品牌价值可能超过数十亿美元，而你家旁边的鲍比汉堡却没有半点儿品牌价值，很容易被别的什么汤姆汉堡、杰瑞汉堡所代替。你费尽心力建立起来的企业却没有强有力的品牌作支撑，难道你不觉得很可惜吗？"

说完这段话，富爸爸深吸了一口气，仿佛是在整理自己关于品牌的理论，我们之间迎来了短暂的安静。其实我心里明白，富爸爸之所以不厌其烦地向我灌输品牌的重要性，引导我尊重品牌的价值，是为了让我继承他的衣钵，成为优秀的企业家，将公司打造成传世的品牌。他不希望我一辈子只做庸庸碌碌的小买卖。

"你知不知道单单'麦当劳'这三个字就比这家公司的全部机器设备、地产和运营系统加起来的价值总和还要值钱？"富爸爸继续说，他大有将品牌理论填满我头脑之势，"走遍全球，你都能看到、喝到可口可乐，这就是品牌的力量。"

"您是不是想告诉我，我戴着假劳力士表就像偷了真劳力士表一样可耻？"

富爸爸点点头，继续说："买假表的人传达出来的声音就是'我偷了劳力士表，我正在侵害劳力士品牌的声誉'。试想一下，有谁愿意跟这种浮夸、虚伪、卑鄙、不老实的人做生意呢？"

"同样浮夸、虚伪、卑鄙、不老实的人恐怕会。"我回答。

"如果你发现你那开豪车、驾游艇的邻居是罪犯，你会怎么看他？"

"不会想太多，"我说，"尽量避免与他接触吧。"

"在商业社会里，这种'避免接触'的事情每天都在发生，"富爸爸说，"诚实的人不会跟骗子做生意。你个人的诚信和声誉是公司品牌的基础和保障，你一定要用毕生的时间去捍卫它们。在商业社会里，人的声誉是比生意本身更宝贵的东西。"说着，富爸爸把手伸了过来，掌心向上示意我。

我伸出手，富爸爸把假表从我的手腕上取下来，扔到地上，用力踩了几脚。也许是因为只值五美元的原因，假劳力士表很轻易地就"粉身碎骨"了，我也只好接受了这个事实。

这个关于"假劳力士表"的故事已经是很多年前的事情了。现在，这个社会充斥着假食品、假文凭和盗版商品，制假售假产业链所带来的暴利高达数十亿美元。更可怕的是，竟然还出现了假药。你能想象离我们而去的挚爱亲人是因为吃了假药这一原因吗？如果这样的惨剧真的发生，又有谁能接受？

在世界范围内，很多城市总有一些固定的区域在贩卖仿冒名牌货。在这些地方，你能买到假的LV、假的耐克鞋、假的阿玛尼（Armani）牛仔裤、假的芝宝（Zippo）打火机、假的普拉达（Prada）太阳镜……

从某种程度上说，制假售假的人也算是商人，他们靠偷窃、仿冒别人的品牌牟利。只要有人买假货，他们就能生存。一旦人们对假货的需求消失了，制假售假行业自然也会随之消亡。一伙骗子卖假货，另一伙骗子买假货，买卖假货的人是一丘之貉，有诚信的人绝不会这样做。

再回到"假劳力士表"上。当我捡起支离破碎的手表残骸时，富爸爸又对我说："只有极少数成功的企业家能建立经久不衰的品牌。"品牌是无价的，品牌是企业家对消费者的承诺，是联系企业和消费者的坚实纽带，它象征着一种充满持久感情的密切关系。

"如果一个企业家狡诈、贪婪，为了赚钱不择手段，只想着怎样从顾客身上攫取更多的利润，那么，他的生意永远无法承载顾客的感情，只能是赤裸裸的物品交易，他的企业也无法拥有自己的品牌。"

当我把假劳力士表的残骸丢进垃圾桶时，富爸爸对我说："之所以鲜有公司能够创建富有价值的品牌，是因为大多数公司都只着眼于获取眼前的利益。他们往往嘴上说'顾客是上帝，要为顾客着想'，其实心里根本没把顾客当回事儿。实际上，你为顾客考虑得越多，树立自己品牌的可能性就越大。就算最终你的事业无法像麦当劳、可口可乐一样成功，你的品牌也可以深深根植在受众的心里。"

创建自己的品牌

随着富爸爸踩碎了假手表，他对我的财商教育正式步入了品牌创建阶段。我开始重视品牌的力量。我不想仅仅做个普通的生意人，我想拥有自己的品牌。为了能够实现这一目标，我开始关注和研究市场上的著名品牌，同时逐步寻找既适合自己又能让我和顾客建立联系的品牌内容。一方面我要了解自己的能力，找到自己能够运作的商业模式；另一方面要认清自己能够向顾客提供什么，又期待顾客给予什么样的反馈。收获与付出是成正比的。只要我找到了顾客的需求点及满足这一诉求的商业模式，就能创立富有价值的品牌。

起初，我认为Rippers尼龙钱包是一个极好的创意，我也坚信Rippers能成为伟大的品牌。这个名字本身就代表着前卫和潮流，象征着冲浪者鲜明的个性。喜欢冲浪的人都应该喜欢Rippers，而且我自己就是一名冲浪爱好者，对Rippers有着明确的好感和代入感。

可Rippers最终没能成为品牌。它仅代表一家公司的名字，一条生产线，一个商标，然后就销声匿迹了。也许在很大程度上说，是我没能找到正确的方法让它成为一个品牌。

当然，我不是什么都没干，我也做了市场和销售方面的努力。我和我的合伙人参加了不少冲浪用品展销会、体育用品展销会和青年服饰展销会，我们也竭尽所能向零售商推销Rippers尼龙钱包。可问题是我们的花销远远大于收入，很快便入不敷出了。我们陷入了艰难的境地，烧钱的市场策略让我们尝尽了苦头，也检验了我们做生意的能力。当生存都成为问题时，还有谁有心思去关心品牌呢？

我觉得糟透了，是自己的无能导致了 Rippers 的失败。Rippers 甚至没能走到品牌发展阶段就经营不下去了。其实，Rippers 是一个不错的名字，但再优秀的品牌没有一个强大的企业作支撑也只是空谈。

时至今日，全世界都能买到尼龙钱包。作为一种商品，Rippers 成功了；但没有人知道 Rippers 是尼龙钱包的始祖。而尼龙钱包也仅仅是一种普通商品，承载不了更多的经济价值。

品牌拯救了我

虽然我没办法将 Rippers 打造成著名品牌，但却认识了不少其他杰出品牌。在拯救 Rippers 的过程中，我误打误撞地踏入了摇滚圈———一个满是神奇品牌的地方。

1981 年，摇滚乐队平克·弗洛伊德 (Pink Floyd) 联系到了 Rippers 公司，问我们是否有兴趣成为他们乐队（或称"品牌"更为贴切）的授权生产商。当时我正苦于找不到商机，于是抱着试试看的心态听完了乐队经纪人的介绍，而后决定展开合作。那个经纪人不知道这次合作将拯救我于水火之中，平克·弗洛伊德品牌的尼龙钱包也将成为日后的热销商品。

对摇滚音乐一窍不通的我立即搭乘航班从夏威夷启程飞往旧金山，与乐队的经纪人见面。这次会面仿佛是上帝的恩赐，让我开始了在摇滚圈的打拼。塑造平克·弗洛伊德品牌的过程充满成就感，当然也让我获利颇丰。

有了第一次的成功经验，我看到了摇滚圈潜在的巨大商机。

我开始主动接洽合适的乐队，警察乐队（The Police）、杜兰杜兰（Duran Duran）、乔治男孩（Boy George）和犹大牧师（Judas Priest）等摇滚乐队后来都成为了我代理的品牌，甚至当时非常著名的老牌乐队——滚石乐队（The Rolling Stones）也与我有过合作。要是那时披头士乐队（The Beatles）也允许代理，或许那会成为我今天最大的骄傲。

富爸爸让我清楚地知道，做生意只有两条路：要么做商品，要么做品牌。做品牌的关键就是与顾客建立紧密的联系。摇滚乐队和歌迷之间就存在着这样一种牢固的联系。

第一次与平克·弗洛伊德乐队的会面搭建了我和摇滚圈之间的桥梁，为我开启了一道通往全新领域的大门，让我得以进入一个完全未知但又充满魔力、令人着迷的世界。我的Rippers尼龙钱包也得救了，因为它上面贴着"摇滚"的标签。

我与品牌同在

到了1982年，我彻底告别了"Rippers"这个永远也叫不响的名字，我的自我介绍再也不是"我是来自Rippers的罗伯特·清崎"，取而代之的是，我会在介绍自己时说"我是警察乐队产品的代理人"。没人知道谁是罗伯特·清崎，也没人在意什么是Rippers，可是人人都爱警察乐队。我的亲身经历更是印证了这一点。我和我的太太金就是因警察乐队结缘的。那是在1984年，我和我太太的第一次约会，当时我不无自豪地说："我能带你去警察乐队的演出后台参观，你愿意去吗？"这种"特权"或者说是乐队品牌的力量，竟然能够让我跟一个漂亮姑娘约会。尽管她的初衷可能只是去看乐队的主唱，但我还是作为乐队产品的代理商而从中受益。

品牌让商品脱颖而出

Rippers 起初代表冲浪和运动产品。可我发现这个市场很快就饱和了，同类型的商品多如牛毛，相比之下，Rippers 因为没有打响知名度，并不具备太大的竞争优势。当供大于求时，价格就成了商品能否卖出去的关键。（价格是影响商品销量的关键。）如果能以更低的价格买到同样的商品，谁又会多花冤枉钱呢？

然而，当我进入摇滚圈，为树立摇滚品牌添砖加瓦时，我掌握了定价权。那时几乎所有的销售商都只关心一个问题：什么时候才能到货？平克·弗洛伊德乐队的授权使我的商品变得独一无二，而且更具价值。

成为著名摇滚乐队授权的品牌代理商极大地拓宽了我的经营范围，国际市场也尽在掌握之中。我们唯一的竞争对手只有盗版商。这些制假售假的人偷偷摸摸，见不得光，时刻警惕着警察的到来。他们盘踞在演出现场，等待开场、散场时向人们兜售各种假冒 Rippers。他们跟卖给我假劳力士表的人别无二致，如同惊弓之鸟一般害怕被捕时刻的到来。

因为我们拥有代理权，所以制售的商品能在演出现场、音乐厅、唱片行、商场和超市等一切合法的地方销售。我们不是盗版商，我们是合法的。那块五美元的假劳力士表让我深刻领悟了合法经营的重要性，当然，也让我懂得了品牌所蕴藏的无限价值。

金钱并不是唯一

跟摇滚乐队的合作经历让我渐渐理清了乐队、音乐和乐迷之间的关系。这是一种区别于纯粹金钱交易的紧密联系。乐队和乐迷之间的这种紧密联系让原本赤裸裸的购买关系变得充满温情。人们是因为喜爱乐队而购买Rippers，Rippers也成为了人们情感的依托，变得更有价值。我们授权生产的商品几乎不需要营销就能很快销售一空，乐迷排队抢购印有乐队商标的各种产品。当然，乐迷可不会真的这么守规矩排成一队购买。他们往往疯狂地冲向柜台，高举着信用卡和大把现金，大声喊着："我要这个，还有那个，那边剩下的那些我全包了。"乐迷总是尽可能多地购买与他们所崇拜的乐队有关的商品，恨不得把整个乐队搬回家。

不同的乐队有着不同的受众，相应的，不同的乐队品牌也有着不同的消费群体。每个乐队品牌对于各自的消费者来说都蕴含着不同的个性。举例来说，在人群中你能很容易地分辨出谁是警察乐队的乐迷，谁又是犹大牧师、杜兰杜兰和乔治男孩乐队的乐迷。这归根于他们在穿戴打扮、语言神态方面的不同。这种差别不仅仅体现在外表方面，不同乐队乐迷的人生观、价值观都有着显著差异。乐队所代表的精神和内涵是乐迷执着追求的东西,在这种追求的过程中,承载乐队品牌的商品使他们的追求具体化。当乐队的音乐不再反映受众的心声、对乐迷失去吸引力的时候,乐迷就不会再购买相关商品;反之,如果乐队每年都有新作品问世,总能在乐迷心中保持活力和精神引导,乐迷则会对拥有乐队品牌的商品产生黏性,从而产生持续的购买力。这就是品牌价值在市场交易中的直观表现。

那时,我自己也有中意的乐队——一个名叫"Go-Go's"的女子摇滚乐队。我喜欢她们的音乐、性感的造型和热情的女乐迷。不过遗憾的是,我授权经销的商品都是针对男性消费者的。因此,我代理的乐队也都是传递男人精神的,受众大多是男人,我的商品能够很好地满足男性乐迷的诉求。基于这样的原因,虽然我热爱Go-Go's乐队,热爱她们的音乐,却并没有一时冲动而成为她们品牌的代理商。

向摇滚说再见

时间推进到1984年,我在摇滚圈的打拼也渐渐接近尾声。虽然我依然热爱摇滚乐,但长时间高负荷的运转和奔波让我变得急躁、易怒,并且缺乏耐心。我开始厌倦了品牌代理工作。我知道,是自己内心发生了变化。我已经了解到品牌的力量有多强大,是时候向前走了。

当我在韩国和中国台湾地区视察工厂的时候,我心里"咯噔"了一下。年轻的工人们在闷热的环境里制造着我代理的产品。他们让我越来越富有,而自己却越来越虚弱。

本来就不高的厂房，被经营者隔成了两层。这样一来，有些工人就不得不弓着腰工作，在布料上印刷各类商标。不但如此，散发着刺激性气味的布料与他们的脸也只有几英尺的距离。那气味，要比西方国家年轻人用来疯玩的嗅胶、喷漆的味道刺鼻多了。而那些工人，则要在这样的环境里每天工作8~10个小时。

在另一个房间里，年轻的女孩子们缝制着各种帽子和钱包。当厂长对我说可以随便挑个女孩子陪我过夜的时候，"摇滚"便在我心中彻底死去了。我决定从此退出制造业。

看到几百个孩子为了钱不惜毁坏自己的身体，我不禁自问："我到底在干什么？我的产品到底有什么价值？它们怎样才能将这个世界变得更好？"我发现，这都是些无解的问题。然而，我却对自己的路有了新的想法。

我知道，是时候重新审视自己了。我应该问问自己到底想要什么，什么才是我生命中真正的追求。

1984年12月，我和金带着两个手提箱离开了夏威夷，搬到了加利福尼亚州的圣迭戈，开始向人们传授如何创业，而不是让人们像那些在血汗工厂里的孩子一样受人剥削。我和金成为了传统教育体系之外的"另类教师"。这意味着，我们没有教育部门颁发的从业资格证书，也得不到政府的补助。传统学校是不会接纳我们的，因此，所有的一切只能靠我们自己——自己招收学生、自己授课。如果做得好，学生们会自动帮我们做广告；如果做得不好，没人捧场，那就别想有收入了。

1985年，是我们人生中的低谷。那一年是对我们的精神、梦想和计划的极大挑战。从开办财商教育培训公司到1985年的12月，我们基本没有任何收入，硬是从1984年的12月挺到了1985年的12月。那段时间，我们每天都过得很艰难，完全是靠信念才坚持了下来。我们坚信，事情会有转机，日子终将会变好。

回头看看，那段时间真是对我们意志的极大考验。命运之神给我们出了一道难题，想看看我们在面对困境的时候是否还能坚持最初的梦想。也许，它是想看看我们到底是否值得信赖，是否在拮据的状况下仍能秉持自己的品牌。

在读到有关企业家的创业史时，你会发现很多人都经历过诉讼、苦难，以及对信念的挑战。我坚信，不经受这样的考验，品牌是无法立足的。

微软公司的比尔·盖茨就曾经受到美国政府的刁难，政府以垄断罪将微软公司告上了法庭。史蒂夫·乔布斯也曾被自己亲手创立的苹果公司解雇，之后经历了一段难熬的日子。接替他的CEO脾气温和，却差点毁了苹果公司。当乔布斯再次回到苹果公司的时候，这家公司及其品牌很快东山再起。当美国电影《社交网络》开始热映的时候，Facebook的创始人马克·扎克伯格受到了全社会的关注。影片暗指Facebook的创意是他剽窃得来的。虽然当时马克·扎克伯格已经是亿万富翁，但他为此承受的压力可想而知。

四百万美元的考验

2000年，在参加完奥普拉的脱口秀节目之后，我接到了一通某销售共同基金的知名机构打来的电话。他们希望我为他们的产品做宣传。我婉拒了这个邀约，并且向他们表示这不是富爸爸公司的业务。当我拒绝他们的时候，电话那头传来了这样的声音："如果你愿意合作，我们将就四年的合作向你支付400万美元的酬劳。"每年100万美元！太有诱惑力了。但我最终还是选择了拒绝。接受共同基金的委托，与我们的品牌理念不符，也会让那些相信富爸爸品牌的人失去对我们的信任。一旦接受了那家机构的委托，我会感觉自己变成了叛徒，每年为了那100万美元出卖自己的公司和灵魂，这好像让我又带上了那块假劳力士手表。

考验永无休止

富爸爸的品牌历经多次考验。第一次是在1997年《富爸爸穷爸爸》刚出版的时候。那本书开篇就声称："你的房子不是资产，而是负债。"因为这句话，很多房地产经纪人连明信片都不给我寄了。我还收到了攻击性邮件，被人在公开场合指责，说我根本是在胡言乱语。很多金融专家称我为"江湖郎中"。今天，数百万人失去了他们的房子或是背负着比房价更高的债务。人们有了惨痛的经历，终于明白了我早就说过的道理。

我不是政客，不会为了拉选票而哗众取宠；我也不是房地产经纪人，不会为了卖房而不择手段。我的言论都是中肯之言，忠实于我和我的品牌。我身处财商教育这个行业，希望能帮助人们看清楚到底什么是资产、什么是负债。

另一次考验发生在我出版《富爸爸财富大趋势》之后,那是 2002 年的事情了。在那本书中,我预言股票市场的崩盘即将到来。我也阐述了共同基金行业将成为大崩盘的导火索,数百万投资者的养老金将赔得血本无归。

当这本书面世时,那些靠共同基金过活的刊物立即开始与我理论。财经杂志《财智》(Smart Money)还专门派了一位年轻的女记者到亚特兰大考察我的授课过程。女记者全程参与了为期两天的培训活动。几个月后,她在文章中写道:罗伯特·清崎在亚特兰大一家破败的黑人教堂里举办培训活动,从贫穷的黑人那里赚钱。她很清楚,那个周末我收到了 38 万美元,而且把钱全都捐给了教堂。不但没有赚钱,连宣传材料的费用都是我自掏腰包。这篇文章一经刊登,我反倒为自己拒绝那 400 万美元感到更开心了。

你也许知道,金融服务行业是 2007 年金融危机的幕后推手,而且他们通过那次金融危机赚得盆满钵满。他们用纳税人的钱为自己的错误埋单,掩盖自己的欺诈行径。从个人的角度讲,我庆幸自己不需要靠共同基金赏饭吃。如果非得选的话,我宁愿买一块假劳力士手表,也不愿意去买什么共同基金。

2006 年,唐纳德首度与我合作出书——《让你赚大钱》。之所以写这本书,是因为我们非常关注美国中产阶级的衰落。我们在书中写道:糟糕的投资和政府的不当管理会毁掉很多人的生活,通货膨胀会让数百万人的生活更加困难……接受财商教育是避免危机的一个好方法。

金融服务行业又一次将枪口对准了我们。这一次，向我们发难的是《华尔街日报》。他们在一篇文章中写道："看清楚，不要被迷惑，还没到抛售共同基金的时点。"唐纳德和我都认为共同基金无法为美国居民的退休计划提供足够的支持，报纸便立即对我们进行了反击。这篇文章于2006年10月11日刊登，他们当时觉得没什么可担心的。一年后，股票市场经历了恐慌式的下跌。我当时就预言，这绝不会是最后一次。

2008年3月18日，我出现在CNN电视台。主持人想知道金融危机是否已经过去。其实，他更想从我这里听到的是："最糟糕的时候已经过去，好日子就要来临。"然而，我没能如他所愿，当场预测雷曼兄弟会有大麻烦。果不其然，2008年9月15日，雷曼兄弟宣布破产，成为美国历史上最大的金融企业破产案。

坚持做自己

我讲这些故事，无非是想传递这样的信念：坚持做自己。对我来说，将400万美元拒之门外，这绝不是一件容易的事情；大胆说出"你的房子不是资产，而是负债"这样的话也很不容易；预测史上最大规模的股票市场崩盘不容易；与唐纳德一起预言中产阶级的衰落也不容易；在面向全球播出的节目中预言金融危机尚未过去、雷曼兄弟即将倒台，这更不是一件容易的事情。

如果没有说出那些话、做出那些事，等于我放弃了自己的坚持。唐纳德也非常忠于自己的品牌。当你走进他那位于纽约第五大道的办公室时，这就是他的品牌。他绝对不会因为害怕惊扰到别人而改变自己。你也应该向他学习。很多企业家之所以没有将品牌做大，是因为他们过于关注金钱，太迁就自己的顾客。他们总希望通过讨好顾客卖出更多的产品或服务。

打造品牌需要勇气，坚持做自己也需要勇气。如果你想打造成功的品牌，就要把"让所有人都满意"抛在脑后。

加入海军陆战队

20世纪60年代末，美国军队需要为越战输送飞行员。为招募新兵，军方宣布将举办大型的征兵活动。我和三个好友参加了1969年在纽约长岛举办的征兵仪式。在听过不同兵种的介绍后，我们思索着究竟参加哪个军种的飞行员更好。

首先登台的是空军飞行员。他对几百个年轻的大学毕业生讲解着空军所拥有的最完善的训练体系和最先进的战斗机。他还拿出空军基地的照片，向我们展示基地的高尔夫球场和游泳池。看过之后，我觉得空军更适合度假，而不是进行飞行训练。

海军飞行员紧随其后，他向我们描述了从航空母舰上起飞时的兴奋感。我承认，那种感觉的确让人激动。

陆军飞行员随即登台，他介绍了用于越南战场的大型运输直升机，并向我们展示了这些大家伙的照片，让我们了解它们是如何将坦克运上战场的。

海军陆战队的飞行员最后上台。他站在那里，只是简单地说："如果你想拯救生命，就去参加海岸警卫队；如果你想上阵杀敌，就加入海军陆战队。"说完这句话，他就下去了，什么图片都没给我们看。

三年后,我驾驶着海军陆战队的战斗机从航空母舰上起飞,参加了自己在越南战场上的第一场战斗。

美国海军陆战队有着悠久的历史,也是一支闻名世界的精锐部队。它的历史最早可以追溯到1775年独立战争时期,正是他们的"品牌"让我选择成为其中的一员。

劳力士和海军陆战队

自从富爸爸把我的假劳力士表踩碎后,我就正式告别了仿冒品牌,并开始学习真正的品牌到底为何物。我意识到,自己已经在潜移默化中深受各种品牌的影响。我知道自己为什么开哈雷摩托、法拉利、保时捷和宾利,为什么喜欢普拉达胜过布鲁克斯兄弟(Brooks Brothers);为什么选择海军陆战队,而不是海岸警卫队或是空军;为什么不会再戴假的劳力士表,穿假的拉尔夫·劳伦(Ralph Lauren)Polo衫。

我们选择的品牌代表了自身的品位和价值追求。如果我剽窃了别人的品牌,用了仿冒品,自己也会变得"山寨"。

如今,"富爸爸"已经成为了国际化的品牌,这个品牌会为那些和我有着共同价值追求的人群服务。

信守承诺

唐纳德·特朗普是一个坚持做自己的人,他的品牌亦是如此。正是因为这样,"Trump"这个品牌才价值连城。在房地产行业,

"Trump"这块招牌能帮助楼盘提升40%~50%的价值。

"Trump"和"富爸爸"之所以走到一起,是因为这两家公司都珍视财商教育,都希望给人们带去更好的生活,而非单纯地追求利润。

品牌不只是一个名号,它还是一份承诺,是企业家精神和价值追求的体现。产品可以仿冒,但品牌却不能。

记住,你永远无法做到十全十美,你也没法取悦世界上的每一个人。所以,干脆开开心心地做真实的自己,发挥自己的优势,将自己的思想和理念传递给别人。如果你能忠于自己,将自己想要的东西带给他人,你便有可能成为为数不多的将企业打造成品牌的企业家之一。

名字的内涵

唐纳德·特朗普

我父亲从小就对建筑很感兴趣，还专门学过木工。在我刚开始从事房地产开发的时候，父亲已经在这个行业略有所成，在纽约周边地区小有名气，但他的影响力还未能波及曼哈顿。

16岁时，父亲完成了自己的第一件作品：一个双车位车库。从那之后，他就操持起了自己的生意，专门制作车库预制件，每个售价50美元。由于生意红火，高中毕业一年后，他就自己盖了一栋房子。然后，他通过建造成本低廉的砖房迅速获得成功，"Trump"这块招牌也因为物美价廉而变得家喻户晓。

通过自己的努力，父亲获得了赞誉。以他为榜样，我学到了打造出高质量产品的秘诀——精于细节，毫不放松。我跟随父亲工作过几年，对此铭记于心。他每天努力工作，即使周末也会带着我们到施工现场进行勘察。也许是由于出身木工的原因，他总能注意到关键的细节并从中分辨出施工质量的优劣。他总是这样对我说："尽可能多地了解你所从事的行业。"他以身作则，为我树立了榜样。

品牌代表着声誉，父亲深谙此道。清崎在前面也提到过，品牌要高于产品本身。他们是对的，品牌是一种承诺，"Trump"的确是一块金字招牌，它出现在哪里，哪里就有我们的承诺和始终如一的品质保证。清崎下了很大工夫才打造出自己的品牌。他竭尽全力，力图创造出最好的产品。他终于如愿以偿。

在随同父亲工作并接受过品牌培训后，我将"Trump"带到了曼哈顿，随后将它推广到了全美，甚至全球。正如清崎的富爸爸一样，我父亲弗雷德·特朗普成为了我的导师。他经常强调，人一定要热爱自己的工作，否则是无法获得成功的。他也是一个效率极高的人，教给了我获得成功的"四步法"：

（1）深入学习；

（2）完成工作；

（3）正确地完成工作；

（4）漂亮地收尾。

这就是父亲工作方法的真实写照。他带我见识了生意中的方方面面。最初的几年，我通过观察他的日常工作来进行学习，受益匪浅。这也再次证明榜样的力量是无穷的。因此，我也尝试着在自己的公司中树立榜样。

如今，"Trump"已经成为了品质的代名词。提到"Trump"，人们的第一反应就是高品质。这可不是靠运气得来的。从开始打造品牌的第一天起，公司就对此有着精心的策划，之后便是日复一日地按要求严格执行、再执行。比如，我们每次启动一个新项目之前都会做大量的准备工作。在开发特朗普苏格兰国际高尔夫球场之前,我们不仅聘请地形学专家来研究沙丘,还和动物学家一起讨论如何才能最大程度保护当地的野生动物。人造水獭窝、鸟类巢穴搭建、人工湿地、植物转移及其种子收集等都是我们开发计划的组成部分。有了充分的前期准备工作,我们就能保证当地环境在项目启动之后受到最大程度的保护。从珍稀的黑顶海鸥到河边的小野鸟,我们都会给予同样的重视。

事实就是这样。想要做到最优秀,就要时刻保持专注。如果一家企业搞砸了某件事情,就会被记录下来,成为它的一个污点。我个人很喜欢和媒体打交道,他们也会写很多关于我的报道。我的任务就是始终如一地传达企业的理念——高品质。

《飞黄腾达》这档真人秀节目也提升了"Trump"的品牌知名度,甚至让很多我们还未开展业务的国家都知道了这个品牌。我的知名度大幅提升,也收到了随之而来的各类反馈意见——有好有坏。然而,如果企业不够成功,根本不会有人关心我们是谁。这些反馈五花八门,有些针对我们的楼盘,有些针对我的发型。成功的企业家不但要经得起监督,也要承受得住批评。你的企业和你的所作所为都有可能被人议论、批评,你甚至要面对一些无中生有的指责。但是不管怎样,你的人气都会得到提升,你那高品质的产品也会为更多人所熟知。

以我多年与媒体打交道的经验,"做真实的自己"是一个非常好的方法。它能给你足够的底气,让你在面对各种负面声音的时候保持镇定。我再说一遍:"做真实的自己!"

当看到清崎提到的假劳力士表的例子时，我想起了《飞黄腾达》之后的一大批山寨节目。也难怪，在成功者身后永远跟随着一群"山寨专家"，对此你要做好心理准备。山寨版的《飞黄腾达》没有一个获得成功。可以这么说，由Trump集团操持的此类真人秀节目能够获得成功，并不代表其他同类型节目也能成功。一方面，搞"山寨"、吃"回锅饭"本来就有天生的劣势；另一方面，别的企业很少具备Trump集团那种特殊"气质"。事实证明，其他的电视节目最终都没能打动观众，更别提提升企业知名度了。

反观《飞黄腾达》，通过台前幕后的努力，我们让看过节目的观众都记住了"Trump"这个品牌。在节目的制作过程中，我们不但通过严格的组织程序来把控质量，还集思广益，将各种创造性元素和惊喜收纳其中。当然，能制作出这么优秀的节目，由王牌制作人马克·伯内特领衔的制作团队也功不可没。

在录制第一季的某一集节目时，有几位选手发生了争执。因此，我召集所有人返回会议室。说实话，我已经不记得当时的详细情况了，只知道我们不能离开，必须现场将问题解决。后来，我们用了几个小时才解决问题，而这一段在那一集节目中只占了几分钟的时间。我当时也想赶紧结束后回家吃饭，但是，问题就在那里，我没法无视它。整个剧组直至问题彻底解决才能解散。对待节目中出现的每一个问题,我们都会全力以赴，以最真实的态度来面对。很多批评者都没有注意到,《飞黄腾达》带有一定的教育性，而其他的真人秀节目在这方面则完全是空白。教育，是贯穿这个节目的主线之一。我们还收到了很多来自大学的信件，称他们已把《飞黄腾达》纳入了商学院的教学课程，成为了课堂上的教学工具。

品牌不是一天成就的

人们经常问我，创业之初心中有没有所谓的"使命"。我不知道能否称其为"使命"，但我心中的确有一些想法。这是获得成功的重要前提，它能让我高效地开展工作。如果说我心中有什么"使命宣言"的话，那肯定会是"追求卓越"。这句话渗透到我的楼盘、电视节目、高尔夫球场等各个方面。它也是我的人生目标，我把它落实在每天的每一项具体工作上。

在打造品牌的过程中，为自己的品牌培养一个优秀的团队是非常重要的。当清崎说起"合伙人"时，我想到的不仅是生意上的合伙人，还有我企业里的员工们，他们在"Trump"品牌的树立和壮大中发挥了巨大的作用。

这么多年过去后，我发现，要想建立品牌，所有的参与者都必须齐心协力。我身边就有与我共事了30多年的员工。我的企业和品牌都在不断壮大、变强。虽然在《飞黄腾达》中你常常能听到我说："你被解雇了！"但在现实工作中，我并不喜欢开除人。我尽可能为员工提供良好的工作机会，努力将他们留在自己身边。我和我的员工都希望企业和品牌能够长久，所以，职业道德也是很重要的。有那么多德才兼备的人来我的企业工作，我深感幸运。正是他们托着这个品牌，让它越走越远。

我还是来举个例子吧。一天早晨，有一位住在我们楼盘附近的女士打来电话，说我们的楼盘让她抓狂。每当她向窗外看的时候，总有人在做保洁或维护工作。她认为我们这方面的工作做得有点过头了。我开发的楼盘向来以维护工作出色而闻名。这位女士之所以会投诉，很可能是因为自己没能住在我的楼盘而心生忌妒。将楼盘维护在最佳状态不但事关我们的品牌声誉，也是楼里的住户和宾客们的期望所在。我们不会因为某个人的忌妒心就改变企业的宗旨。

这只是一个很小的例子。我们的团队一直努力将每件事情做到最好。我们所做的工作中，有很多事情是做与不做都可以的。比如，洛杉矶的高尔夫球场不是非得改造到极致，我们只需修复被海水淹没的球洞，它就能正常运行。在苏格兰的高尔夫球场项目上，我们也没必要对环境问题做那么周全的考虑和安排。但是，我们还是一如既往地用最高标准来要求自己。"追求卓越"既是我们的目标，也是对我们品牌的最好诠释。Trump集团的每个人都会为这种高标准而自豪，并努力地为之贡献自己的力量。

当每个员工都将同样的热情、忠诚和专注投入到工作中时，企业的运转肯定会顺风顺水。我要担任总指挥官的角色，因此希望每个人都能肩负起属于自己的那份责任。无论Trump集团如何发展壮大，其核心理念——金牌般的品质是永不改变的。多年前，我们曾经出过这样一份广告，背景是我的照片，标语则是"只跟最优秀的人合作"。在我的企业里，人们必须拿出最佳的状态来工作。我在努力做到最好的同时也期望我的员工能够做到最好。我希望"高标准、严要求"能够树立在每个与"Trump"品牌有关的人心中。

关于品牌,从一开始就要树立诚实、可信的形象。比如,如果你生产的电池真的如宣传的那样持久耐用,顾客就会自己找上门来。怀疑是普遍存在的,但在制造、销售的全过程中,如果你能严把质量关,做到无可挑剔,各种怀疑和谣言自然会不攻自破。

从创业伊始,"追求卓越"这四个字就深深地印在我的头脑中。名声是没法用钱买来的,我希望亲手打造出一块金字招牌。漂亮地完成肯特蒙德酒店的改造工作算是一个好的开始。1983年,特朗普大楼的落成让我名声大振。时至今日,特朗普大楼依旧是一栋非常美丽的建筑。

品牌建设跟盖楼房一样,都要从打基础做起。对于盖楼房来说,地基打得越深,楼房才能盖得越高。对于品牌建设,你头脑中是否也有一张蓝图呢?人们都希望拥有安全感,足够强大的品牌就能给他们这份安全感。当人们买古驰(Gucci)的时候,他们知道自己购买的是采用优质原料以高超工艺制作的产品,而不是在碰运气。如果入住特朗普酒店,他们就会享受到最优质的服务和最舒适的住宿环境。对于员工而言,强大的品牌意味着自豪感和安全感。从顾客的角度来看,情况也类似:他们为自己拥有优秀的产品而自豪,因产品过硬的质量而感到放心。正如清崎所说,如果没有优秀的企业做支撑,品牌便一文不值。

树立榜样

我发现，自己就为员工和合作伙伴树立了榜样。当他们看到我每天的工作态度后，便开始以我为标准。这样一来，品牌就渗透到了企业的每个角落。我们从不开冗长的会议，因为根本不需要。如果需要了解什么东西，谁都可以来直接问我，我办公室的大门永远敞开。我很平易近人，因为我希望了解所有事情的最新进展。同时，大家也都知道我是一个惜时如命的人，所以会尽量以简短、精练的语言与我沟通。我工作起来风风火火，因此员工也懂得跟上我的步伐。

我们在人员设置方面十分简化，来过我公司的人都对那些精干的核心团队表示惊讶。团队中的每个人都有自己特定的任务和责任。我发现，人们在授权之后的工作热情往往会变得更加高涨，信心也会随之提升。按照这个思路，我像在课堂上激发学生求知欲的老师一样，努力激发出员工的最佳工作状态。随着企业的发展壮大，这一点显得更加重要。人都是有感情的高级动物，在面对挑战的时候会产生斗志，在被委以重任的时候会信心倍增。千万不要看人下菜碟儿，拿对方职位的高低判断其能力的大小。许多人的能力远高于他们名片上的那个职位。

企业家代表了企业的品牌。因此，我时刻代表着"Trump"品牌的形象，也愿意向公众传达我的态度。我乐于担当品牌的发言人，因为我对它充满信心，也乐意将它传递到更多人的心中。

对于企业家来说，担当企业品牌的发言人并不难，难的是让自己的言行时刻与企业品牌的价值理念保持一致。个人的一点小疏忽很可能会对企业的品牌声誉造成极大的负面影响。因此，企业家要时刻保持如履薄冰的心态，意识到自己的一言一行都代表着企业的品牌和形象。

人们常说："透过服务看品牌。"这句话用在 Trump 集团再合适不过了。我们的服务水平在业内是有口皆碑的。因为我一直坚信，客户花了最多的钱，他们理应得到最好的服务。"追求卓越"这四个字虽然简单，但却要通过不懈的努力才能实现。

忠实于自己的品牌和内心

我不仅喜欢清崎的这句"做真实的自己"，还同意他的"你永远无法做到十全十美，也不可能取悦世界上的每一个人"。在决定打造品牌之前，你先要忠实于自己的内心。但要注意的是，不是每个人的立场和想法都跟你一样。拿我自己来说，喜欢我的人很多，讨厌我的人也不少。这都是很正常的，我就是我，有人喜欢就会有人讨厌。我已经有了那么多的正面评论和报道，所以在面对负面评论的时候，我依然可以从容地接受。然而，如果有对我的企业品牌造成负面影响的报道出现，我肯定会把它扳过来。在这方面我决不会妥协，而且会对抹黑的人穷追猛打。所以，如果有人想动这个心思，肯定会仔细掂量掂量。在树立品牌、保护品牌的过程中，你也要拿出决心才行。清崎提到，打官司是一个艰难、痛苦的过程，我对此表示同意。但是对于企业家来说，这些事情迟早都要经历，并且随着业务的扩张,这些事情只会越来越多。你必须直面这些问题,让它们成为自己的经验。

为了捍卫品牌,有时候也需要一些策略和技巧。几年前,《纽约客》(The New Yorker)刊登了一篇诽谤我的文章。我对此非常生气,决定打电话投诉他们。很快我就意识到这样做只会是火上浇油,不但给他们的故事增加戏码,还可能让事情发展到难以收场的地步。所以,我决定冷处理。当有记者就这篇文章打电话采访时,我就说文章又长又无聊,我都没能看完。漠视,就是对这种事情最好的反击。当这件事情彻底被人们遗忘之后,我给《纽约客》的编辑写了一封信,表达了自己对那篇文章的反感,同时我还告诉他们以后再想谈合作,难了。

清崎在前面谈到了这些年与他合作过的诸多合伙人。我的项目通常都很大,因此我的合伙人也更多:承包商、设计师、建筑师、项目经理和建筑工人等。如他所说,默契和协调十分重要。如果开发一个高尔夫球场,那我肯定会保证所有参与项目的人员都为同一个目标奋斗。他们各自的经验和技术是不可或缺的,但更为重要的是他们之间的步调要一致。

到了现在这个阶段,我已经不需要再赚更多的钱了。我喜欢自己的工作,珍视"Trump"这个品牌。正因为这样,我的人缘还算不错。我关心我的合伙人,更关注我的顾客。清崎提到过,如果不用心,你赢得的就只是交易,而非关系。企业品牌的建立离不开各种关系,这一点你需要牢记在心。

大多数人都知道我是一个坦率的人,在不认可的事情上我不会含糊其辞，而是选择有话直说。因此，我不是一个八面玲珑的人，从不会表现得虚情假意。当然，我也不会无缘无故与人为敌。和我打过交道的人都知道，我的谈判能力很强。我能洞悉对方的意图，并在谈判过程中减少分歧，努力促成交易。因此，作为一名企业家，我有能力把握坚持和妥协之间的平衡。生活中也是如此。

举个例子，我在华尔街有一栋很棒的楼，它称得上是下曼哈顿区的最高楼，成为当地一景。在最终决定以100万美元的价格购买它之前，我观察了它几十年的时间。回过头来看，这笔交易直到现在仍然算得上是纽约市最划算的房地产交易之一。这可不是什么天上掉馅饼的故事。为此，我花了很长的时间等待。那栋楼之前的所有人在20世纪90年代初的时候买下了它。起初，我想问他们是否有意与我们合作。但当时他们想把它打造成一栋与特朗普大楼类似的楼，其中包括一个天井。他们想通过钢结构支架搭建起72层的大楼，但这必须从打地基的时候就开始这么做。听到他们的想法，我先是很惊讶，随后心中升腾起了希望。因为他们根本不知道自己在干什么。

三年后，也就是1995年的时候，他们开始为那栋楼寻找买家。如此一来，我就变得很有优势，他们痛快地接受了我开出的条件，华尔街40号从此就是我的了。我还专程飞赴德国，找到土地持有者华特·欣内堡，和他重新签订了土地租约。这当中还有很多的细节需要敲定，比如，那栋楼究竟应该开发成住宅楼还是商业办公楼？直觉告诉我，应该是后者。结果证明这个选择是正确的。我们把下曼哈顿区最高的建筑打造成了华尔街最著名的写字楼之一。我知道,这将会是"Trump"品牌中的一大亮点,结果的确如此。

要想坚定地维护品牌的形象,你需要持久的勤奋和专注。20世纪90年代经历的一次大挫折让我懂得了专注的重要性,这也是之前第二章中"食指"所代表的内容。因为我不够专注,所以才导致了严重的后果。当时,我满世界旅行,经常去巴黎参加时装展,还热衷于各类社交活动。我本应将这些精力都投入到工作中,但事实却并非如此,我偷懒了。当《华尔街日报》和《纽约时报》同一天在头版刊登对我失败的预言,那一刻我才如梦初醒。当然,消息很快便传遍了全球,那是我终生难忘的日子。然而,我重整旗鼓,变得比之前更加成功。我的注意力回到了正确的方向上——自律、专业和品牌。如今,我不再容忍任何分散注意力的行为发生。尽管企业的实力不断增强,规模不断扩大,"Trump"的品牌形象却始终如一,从未改变。

大就意味着好吗

再说说品牌扩张吧!我相信你的品牌能逐渐扩张,但在扩张的过程中品牌的核心理念必须始终如一。除了房地产业,我还涉足娱乐业、高尔夫球场开发、酒店运营等其他领域。但我的信条从未改变:金牌般的品质。牢记品牌理念,你的扩张过程就会很顺利,但这并不是说过程会很轻松。在苏格兰开发高尔夫球场的过程中,我们就经常遇到一些紧急状况,先不说我们的外资身份，单环境方面的麻烦就够让我们挠头的。在那样的情况下，我们只能回归本源，据守品牌理念。只有这样，我们才能经得起时间的考验，将品牌发扬光大。

塑造品牌

我一直都是"Trump"品牌的代言人。企业家在塑造品牌的同时，本人也会得到更高的曝光率。在我以曼哈顿房地产开发商的身份进入公众视线的时候，还只是一个年轻人，但我的项目通常都很大，甚至大得有些夸张，所以媒体都对我很感兴趣。我慢慢开始学着适应各方的关注：有些是正面的，有些是负面的。但无论哪种关注都促进了企业品牌的成长。它们让人们知道了我是谁，知道了"Trump"这个品牌。最终，我的名气传到了纽约城外。

当我的第一本书《交易的艺术》在1987年出版的时候，它很快就登上了畅销书排行榜，我的知名度也随之大幅提升。马克·伯内特也读了这本书，后来他亲口告诉我，这本书成为他走向成功的催化剂。据我所知，清崎也很喜欢这本书。当时，马克还在加州的一家服装公司工作。很多年后，他在摄制《幸存者》的时候，在沃尔曼溜冰场见到了我。他问我是否愿意制作一档基于我本人的真人秀电视节目，并且想和我约个时间好好谈谈，我同意了。马克在我的办公室里向我解释了《飞黄腾达》这档节目的创意。我很喜欢他的创意，但同时也担心这件事情会影响到我的正常工作。马克对我说："我向你保证，你每周在这件事情上花费的时间不会超过三个小时。"既然这样,我就答应他了。接受了他的提议之后,我对此充满憧憬。当时,我并不知道高达95%的电视节目都会失败,要是早知道这个数据,可能我就不会那么痛快地答应了。

幸运的是,《飞黄腾达》在播出当季就登上了收视率榜单的头名,我的名人效应又一次被放大了。我变得举世皆知,企业业务多少也受到了一些积极的影响。这部剧集向观众们传递了这样一个概念:Trump集团是一家有实力的企业,而且在沿着正确的方向发展。这对我们的品牌是一种很好的宣传。

我之前在很多大型的仪式和会议上做过演讲,但当《飞黄腾达》获得成功之后,很多电视广告找到我,甚至《周六夜现场》也来找我做客座主持人。我每周都能收到几十份节目邀约,还有不少出版商找我商谈出书方面的合作。在这种情况下,企业面临着大好的扩张前景。我积极地面对这些机会,我知道它们对企业的品牌建设意义重大。美酒再香,还是要靠吆喝才卖得出去。品牌一定要响亮,才能进入消费者的心中。

面对类似的推广机会时,你一定要尽可能地利用这一时机扩大品牌的影响力。但记得要慎重行事,千万不能为了贪图名声就简单了事。如果你对自己的品牌不够自信,可以在梳理清楚后再对外宣传。没有清晰的品牌定位,我奉劝你还是不要太过张扬。不然,你得到的不是兴奋,而是恐惧。

你是一个好的演讲者吗

我天生就性格外向，喜欢与人沟通、交流。无论面对两个人还是成千上万的人，对我来说都没有太大区别。我喜欢通过故事来阐明自己的观点。如果你对演讲不太在行，我建议你站在听众的角度想一想，他们想听到什么内容？如果在演讲中增加一些趣味性的内容，他们是不是更愿意接受？其实这跟谈判有点类似。演讲开始之前，你可以先问问他们都来自哪里，将重心从自己这里转移到听众身上，你会发现自己开始变得平静，紧张感也随之消失。

在公共场合做演讲对品牌的推广非常重要。否则，你就得专门找个发言人来承担这项任务。我在演讲中讲的故事大多是发生在自己身上的。比如，我会讲自己的某位朋友是如何入错行的。通过这个故事，我想传达给听众的信息是：只有从事自己喜爱的事业才能获得成功。这位朋友的家人都在华尔街工作，因此他也顺理成章地踏入了华尔街。问题在于他根本就不喜欢那份工作，每天脸色都很不好看。我是一个直爽的人，所以当面对他时说他看上去糟糕透了。话虽然难听，但我的本意是好的。我问他喜欢做什么，他说他喜欢打理高尔夫球俱乐部的草地。高尔夫本身就是一个不错的行业。最后，他改行进入了我的一家高尔夫球俱乐部，此后他的事业做得非常成功，人也变得更快乐。

有一次演讲，因为遭遇了暴雨和堵车，我到达会场的时候已经晚了近两个小时。当时我正好和《飞黄腾达》剧组在一起，他们负责拍摄整个行程还有当天的活动，因此听众们觉得自己也加入到了真人秀的节目录制之中。当组织者宣布"唐纳德·特朗普到了"的时候，全场爆发出来的声音更像是在庆祝，而不是抱怨。那天晚上，每个人都过得很愉快。其实，我那天为自己的迟到深感愧疚。然而，"Trump"品牌让我免除了"惩罚"，还让现场的听众度过了一个愉快的夜晚，这真是一件非常神奇的事情。

我认为，企业家亲自为品牌代言是最好的方法，任何其他人都无法像你一样对企业、品牌和产品如此了解。如果你不能推销出自己的产品，还有谁可以做到？在日常生活和正式的宣传活动中你都要为自己的产品代言，只有这样你才能打造出无懈可击的品牌。企业家要想获得成功，必须用发自内心的热情去说服别人。如果你不喜欢亲自展示企业的品牌，那你一定要找一个合适的人，让他将品牌的信息准确地传达出去。

当人们听到某个品牌的时候，首先联想到的就是品牌的标识。比如，当听到"奥迪"的时候，人们立即会联想到"四环"标志。这个时候就是品牌在发挥功效。如果提到企业或品牌的名字，人们能够第一时间联想到其产品，品牌建设就算是到位了。当品牌建立起来之后，你会发现它会给你节省不少时间，免去很多不必要的介绍、解释工作。有了品牌，你无需再满世界寻找机会，它们会自己送上门来。

品牌是什么？品牌就是一切！当然，它也是点石成金之术的关键。

精　粹

　　在这个世界上，缺少的不是打造企业的企业家，而是创造品牌的企业家。实现从"企业"到"品牌"的转变是学习点石成金之术的关键一步。在现代商业社会中，品牌的价值要远高于企业本身的价值。比如，可口可乐的品牌价值就比它的厂房、设备和其他财产加起来的价值还要高。可口可乐曾经是全球最知名的品牌，现在则是谷歌。Facebook会在不久的将来超过谷歌吗？谁又知道呢？

　　如果你的企业还没有创出品牌，那它就只是在生产和销售商品而已。有那么多做汉堡的餐厅，但只有一家麦当劳；有那么多咖啡店，却只有一家星巴克。无论你是否喜欢这些品牌，它们的成功都举世皆知。品牌就是力量，它能更好地引领企业向前发展。没有品牌，生意会做得很辛苦。对你来说，这样的生意只是一份工作，你赚的也不过是辛苦钱而已。这样的话，你跟员工没什么两样。当然，这样做也无可厚非，只不过点石成金的企业家想要得到更多。

　　这也从另外一个角度体现了关于品牌的一条真理：每一个伟

大的品牌都带着创业者的基因。这种基因异常珍贵，而且很多人都没能意识到它的存在。如果对之保护不当，品牌就会迅速消亡。美国在线（AOL）和MySpace就是典型的反面教材。

承诺和情感

很多企业家都是为了赚钱才走上创业这条道路的，很少是为了让世界更美好而创业。你属于哪一种？也许你是第一次遇到这个问题，但这个问题的答案要比获得多少财富更加重要。

凯西·希斯利是一位致力于品牌拓展的企业家，她和清崎一起创作了本书中的部分内容。凯西的企业Heasley&Partners的主要业务就是帮助新公司塑造品牌。凭借二十多年的品牌运作经验，她创造了"心念"拓展法，这也是Heasley&Partners企业的主要产品。通过这个拓展法，新公司可以学习到如何将精神、信念和公司的使命融入到每一条广告和每一项任务中去。这种方法超越了流于表面的沟通，而是渗透到了公司的方方面面。

凯西与酷圣石冰激凌（Cold Stone Creamery）的合作堪称经典案例。1999年，凯西接受了酷圣石的委托。那时，酷圣石还是一家处于成长中的新兴企业，在全美只拥有35家连锁店铺，每年的销售额也只有几百万美元。十年之后，它的连锁店数量已经超过1 400家，年收入高达5亿美元。截至目前，酷圣石已经成长为全球知名的冰激凌品牌。

凯西对创业、企业和品牌有着自己的看法："人们通常觉得品牌就是标识、广告和推广活动。其实，这都不是关键。品牌就是两个词——'承诺'和'情感'。品牌是建立在企业家本人基础之上的。当人们看到你的品牌、听到你的名字、使用你的产品时，你所代表的品牌形象应该随之流入消费者的头脑中。进一步地讲，你、你的名字、你的产品和你的服务应该让消费者在情绪和思维上产生共鸣。'心念'拓展法就是一种建立在人性基础上，并通过'情感第一'的原则来塑造品牌的方法。"

问自己几个问题

凯西认为，成功的企业都有其独特的地方，因此它们造就了别具一格的品牌。在刚与酷圣石合作的时候，她发现这家公司希望借助做出口味最好的冰激凌来给消费者带来快乐。这个理念终于成就了酷圣石品牌的内涵。

企业家不仅需要热情，还需要为热情找个好理由（凯西把这个理由称为"品牌背后的故事"）。企业家一定要讲好这个故事。

为了打造能达到"心念"标准的品牌，你首先应问自己三个问题。

问题1：为什么从事现在的工作？

你之所以从事现在的工作，一定有一个极佳的理由。你需要将这个理由注入自己的品牌之中。企业家必须真实地面对自己和企业，凯西的"心念"拓展法首先关注的就是真实。这个理由不一定与金钱有关。对于S象限足够强大的理由，有可能在B象限中就显得微不足道了。

凯西说，当人们碰到清崎和唐纳德的时候，能够发现两个人背后都有着强烈的使命感。毕竟,他们都已经是成功的企业家，不必为了生活而工作。但是，他们依旧每天忙碌着。尽管他们身处金钱之中，却并不以赚钱为唯一目的。如果你看一看他们出过的书和做过的项目，就会发现他们本质上都是老师。对他们来说，最开心的事情是教人们如何修炼自身，如何过上最好的生活。清崎和唐纳德合作出版的第一本书《让你赚大钱》，它告诉人们这个世界的真实状况和我们所面临的种种威胁。他们提到了中产阶级的衰退、怎样才能避免沦为穷人，以及晋升为富人的方法。他们想通过这本书帮助人们过上更好的生活。现在你应该明白，他们的心中都有一股热情，一股让世界变得更美好、让人们生活得更幸福的热情。

你能从他们身上看到"心念"的影子。他们专注、坚定和执着的人生态度已经和他们各自的企业品牌融合到了一起。

为了深入探究企业的品牌定位，你可以试着回答以下几个问题：

- 你希望自己的企业实现怎样的目标？
- 每天早晨，你起床的动力是什么？
- 你失败过吗？
- 你的五年计划是什么？
- 你希望给后人留下什么遗产？

你让自己回答这几个问题，然后找个信赖的朋友，和他好好聊聊，听听他的意见。通过这几个问题，你能够清楚地了解到自己是哪种人,为什么开始创业,是否有足够的热情来打造一个能达到"心念"标准的品牌。

你还可以让自己的顾客和员工也回答一下这几个问题。真正的企业家一定要学会倾听来自各方的声音,充分了解自己的顾客和员工。

问题2:你希望解决什么问题?

企业存在的价值有两种:要么解决问题,要么让世界更美好。如果你的企业不能做到以上两点,它的存在就没有什么意义。根据凯西的说法,品牌不仅要真实,还要有意义。

清崎和唐纳德之所以合作得很好,是因为他们的企业都在解决相同的问题。虽然他们两人的背景不同,但却都有各自的"富爸爸"。清崎来自夏威夷的一个中产阶级家庭,唐纳德则来自纽约的一个富裕家庭,但他们最终都走上了财商教育这条路。他们是老师,常常面对很多人授课,鼓励人们为梦想而努力。他们都有自己的教育类电视节目(唐纳德录制了《飞黄腾达》,清崎在PBS电视台有自己的教育栏目),也有各自的财商教育公司,还经常一起合作出书。他们在努力填补学校在财商教育方面的空白。两人都知道,财商教育的缺失会产生很大的社会问题。随着经济形势的不断变化,穷人和富人间的差距会越来越大,中产阶级的规模也会逐渐缩小。失业、薪水下降、重税、房价下跌、通货膨胀加剧、医疗费用上升和养老金缩水等问题会直接影响到美国的大多数家庭。他们想要解决这些问题,因此他们站出来向大众传授自己的知识和经验，让更多的人过上更好的生活。他们是商业社会中的过来人，无论是清崎还是唐纳德都不会对你说"量入为出"这样的话。他们希望人们通过学习财务知识来实现自己的梦想。在读过唐纳德的《交易的艺术》后，马克·伯内特和清崎都受到了激励，决心去实现自己的梦想。如今，马克·伯内特已经成为了美国真人秀电视节目的领军人物，并且获得了比梦想更多的财富。

清崎的太太金也说道："1986年，我们还清了清崎因为尼龙钱包生意而欠下的近100万美元的债务。当时，尽管我们偿还了所有债务，但却身无分文。当我们听说唐纳德出书的消息后，便买了一本回来。我们甚至在读完后进行了深入的讨论。《交易的艺术》改变了我们的命运，因为唐纳德带我们从他的视角重新审视了这个世界。他并没有告诉我们具体怎么做，只是开阔了我们的视野，给了我们希望。这就是伟大的老师。"

特朗普和清崎的成功对当今社会有着极其重要的意义。他们解决了问题，也创造了就业机会。清崎塑造的"富爸爸"品牌已经和"Trump"品牌紧密地联系在了一起，这是一个共赢的局面。这两个品牌都很强大，但当它们联系在一起的时候，又能创造出更加强大的力量。

凯西建议你通过回答以下几个问题来了解你企业的意义何在：

- 你想解决什么问题？
- 为什么要解决这些问题？
- 导致这些问题产生的原因是什么？

- 如果你的企业倒闭了,对这个世界有什么损失?
- 为什么你觉得自己能解决这些问题?
- 你的产品或服务是怎样解决这些问题的?
- 你的产品或服务是怎样改善顾客生活的?
- 你了解顾客的真正需求吗?

跟刚才一样,你先让自己回答这几个问题,然后找几个朋友来,听听他们的意见。"富有意义"就是"心念"拓展法关注的第二个方面。

问题3:谁是你的竞争对手?

每家企业都有自己的竞争对手。因此,凯西说:"品牌必须与众不同。"与众不同,这是"心念"拓展法关注的第三个方面。很多企业都缺乏个性,因此很难脱颖而出。如果有人说出"我们的产品很独特,完全没有竞争对手"这样的话,他一定是一个空想家,而不是企业家。市场上的竞争无处不在,不论你的企业是默默无名还是尽人皆知。

多数企业家的视野都过于狭窄,他们只能看到自己的产品,也就是B-I金字塔内部最上面的一层,却没能全面了解构建企业的8个要素。如果他们没法看到B-I金字塔的整体,也就不能发现自己企业与众不同的特点。

凯西如是说道:"对自己诚实,对客户负责,你的企业就算得上是与众不同。很少有企业能做到这两点。对于有追求的企业家来说,创业并不是为了提高产品销量,而是为了让人们生活得更好。在这样的企业里工作,员工和企业家都会很有成就感,也会很快乐。"

想要弄清楚企业的与众不同之处,你可以从以下几个问题入手:

- 顾客为什么要买你的产品,而不是别人的?
- 你能否用一句话概括出自己企业的独特之处?
- 员工是否了解企业的独特之处?他们的看法是否一致?
- 你有自己的演讲风格吗?
- 你在推广品牌的时候是否自信?
- 你在台上的时候自信吗?
- 有什么东西是你的企业所独有的?
- 如果在谷歌上搜索有关自己企业的信息,搜索结果是否都是正面的?
- 你的适应能力如何?
- 如果需要的话,企业的转型速度如何?

问过自己这些问题之后,你就能找到自己关于它们的答案。然后再找一些朋友来聊聊,并听听他们的意见。

如果你还是雇员,可以拿着这些问题去问问公司的高管,看看他们是如何回答的。如果你对他们给出的答案不满意,我建议你最好换一份工作。

如今,随着科技的迅猛发展,企业对顾客的争抢变得越来越激烈。在互联网世界里,很多产品变得更加廉价,甚至不少产品能够免费获取。在这种情况下,你该如何推销你的产品?

对于20世纪70年代之前出生的企业家来说，他们有丰富的商业头脑和实战经验，但却缺乏互联网方面的技术能力。就连收发电子邮件和使用Facebook都是一种挑战。但是，对于年轻的创业者来说，他们掌握的互联网、软件和电子方面的技术很多，但却缺乏久经商场上的历练。凯西认为，要想在互联网时代获得成功，你就必须两者兼备。那些具备复合能力的创业者更容易获得商业上的成功。

1989年，世界发生了巨大的转折。那一年，柏林墙倒下，万维网（World Wide Web）诞生，这标志着工业时代的终结和信息时代的开始。到了今天，竞争已经无处不在，你的竞争对手可能在家里、在办公室里，甚至在手机上向你发起挑战。在互联网巨头的影响下，传统出版业已经出现了衰退迹象。此外，互联网技术的发展还提升了交易的效率，这也是为什么现在会出现20岁的亿万富翁和50岁的失业者的原因。互联网能够让企业以更少的员工和更低的价格向更多的顾客卖出产品。

互联网的大门是向所有人开放的，因此它也可能是一个危险的地方，顾客很容易在网上上当受骗。这时，品牌的作用就发挥了出来。品牌，能够在互联网的世界里为顾客提供安全感。如果你能将线下打造出来的品牌推广到线上，让它在互联网的世界里占有一席之地，你企业的潜力将会是无穷的。这也正如凯西所说的："在信息时代，企业要通过稳扎稳打获得突破并树立品牌，否则，你的企业将湮没在浩瀚的大海中。"

品牌无处不在

通过"心念"拓展法，我们已经知道如果一个品牌想要迅速崛起必须做到以下三点：

（1）真实；

（2）富有意义；

（3）与众不同。

对于企业家来说，真实就是言行合一，你在企业里说的每一句话都要付诸实践。清崎的假劳力士表的例子说明，如果你在外表上造假，你的内心也不可能真实。在商业社会中，那些想靠欺骗顾客来赚取利润的企业终将自食恶果。顾客也许没能在第一时间反应过来，但他们终有一天会识破你布下的骗局。有一句话说得好："你可以在某个时间欺骗所有人，也可以永远欺骗一部分人，但你不可能永远欺骗所有人。"

在如今的经济形势下，顾客对品牌的承诺和价值非常敏感，他们更关心消费过程中的心理体验，而不是产品本身。凯西认为，现在的企业必须让顾客感受到关怀，如果你不这样做，你的竞争对手就会乘虚而入。你要明白，商业不只是金钱的游戏，还有人情深藏其中。如果你真心对待顾客，在品牌中注入承诺和感情并愿意随时随地为他们服务，赚钱对你来说就是自然而然的事情。

美国军队中的各支部队（海陆空等）都是响当当的品牌。入伍对于新兵来说可不是穿上军装那么简单。在此之前，他们的信念、思维和习惯都会被改造，这样才算是正式入伍。

部队要保证士兵从思想上、精神上和身体上都能代表自己的品牌。以海豹突击队为例，这支约1 600人的特种部队是世界上最具威慑力的特种作战部队之一。学员在成为海豹突击队的正式队员之前要经历长达两年的魔鬼训练。在训练过程中，75%~90%的学员会被淘汰。训练科目中有一项训练内容是让学员在手脚都被捆住的情况下从水中浮出来并游过50米的距离。还有更夸张的"魔鬼周"，学员要在一周的时间里每天只睡4个小时，同时接受严格的训练，其中包括每天下海游两英里。每次游完回来，教官都会给他们一杯香浓的热巧克力牛奶，同时告诉他们，如果想要选择退出，就可以喝掉它。很多海豹突击队队员日后回忆的时候都说，放弃那杯热牛奶是他们做过的最艰难的决定。

2011年5月，海豹突击队在击毙本·拉登后，他们的名气传遍了整个世界。很多之前没有听说过海豹突击队的人都在问："他们是什么人？"海豹突击队从来不做宣传，但正是这种沉默造就了更强大的品牌力量。那些只知道用铺天盖地的广告来为自己做宣传的企业，最后又能收到多少效果？过分依赖广告的企业不仅打造不出好的品牌，还会招来更多的厌烦。凯西认为，品牌建设应该从企业的核心开始，然后再渗透到企业的每一个角落，最后延伸到企业外部。好的品牌能融入到顾客和企业员工的生活中去，成为他们人生的一部分。

成吉思汗也是一位成功的品牌建设者。他和他的部队所向披靡,让敌军闻风丧胆。虽然他所在的时代距今已经八百多年了,但他的威名依然被人们铭记。这就是品牌的力量。

在今天的商场上,也有着不少像成吉思汗一样的企业家,比如马克·扎克伯格和谢尔盖·布林(Google 的创始人之一)。他们从众多的竞争者中脱颖而出,创造了这个时代最成功的企业和品牌,同时也改变了亿万人的生活。

我们还能从"反面教材"中感受到品牌的力量。伯纳德·麦道夫曾经是纳斯达克主席,也是金融界著名的富翁。然而,他制造的美国历史上涉案金额最大的"庞氏骗局"让他获得了 150 年的监禁。他塑造的"品牌"能超过"庞氏骗局"吗?时间会告诉我们答案,也许某一天这种骗术会被改名为"麦道夫骗局"。

品牌是一种生活方式,而不仅仅是一则广告、一场推广会。对于企业家来说,认识到品牌的价值和力量非常重要。顾客往往通过品牌来实现他们的人生价值,全世界不知道有多少青少年在耐克广告的影响下立志成为一名运动员,也不知道有多少朝九晚五的白领在"探索,永无止境"[①]的感召下走向了大自然,感受到了真实的自己。凯西说:"要塑造一个品牌,一定要舍得投入时间和金钱,这样你才能成功。很多创业者的野心很大,但却舍不得付出代价。对于不少企业家和 CEO 来说,他们更舍不得投入时间。"

从今天开始,打造你自己的品牌,用心珍惜它。

---

① 即 Never Stop Exploring,美国户外品牌"The North Face"的广告语。——编者注

篇后语

品牌无处不在。在商业社会中，各个行业都有着自己的品牌。从影响力来看，有的品牌是全球性的，有的品牌是地区性的；从档次来看，有的品牌走高端路线，有的品牌走平民路线；从受众来看，有的品牌针对成年人，有的品牌针对儿童。

就连国家也有自己的品牌。提到美国，人们首先想到的是强大的经济和发达的科技；提到巴西，人们马上就联想到足球和热情的球迷；提到意大利，人们则能想到引领世界时尚潮流的服装和各种独具风韵的建筑。

在竞争日益激烈的商业社会里，客户群、产品价格和交易速度每天都在发生变化，顾客的每一次消费行为都是在为自己拥护的品牌"投票"。因此，打造品牌对于企业来说就显得更加重要。如果你的企业没有品牌，它将变得寸步难行。

要点和行动

- 没有品牌，点石成金就是一句空话。
- 品牌要真实，不能弄虚作假。谎言迟早会被识破。
- 品牌不仅仅是一个标识。它代表了企业的承诺和情感。
- 购买往往是一种非理性的行为。拿出你的诚意，把它灌注到品牌中去。
- 弄清楚真正打动你的是什么。要想获得点石成金的本领，首先要充满激情。
- 为了塑造品牌，一定要舍得投入。投入的不只是金钱，还有时间、决心和精力。
- 努力提高自己的演讲水平，它肯定会有用武之地。

第四章

金手指之无名指：合作

"企业的经营归根到底就是三个方面：人才、产品和利润。没有人才，后面两个都无从谈起。"

——李·艾柯卡

合作的风险

罗伯特·清崎

"和坏搭档做不成好生意。"

这句话不仅仅适用于商场，还适用于生活。它不只是一句格言，还是你一生都受用不尽的经验和教诲。

无论是濒临倒闭的企业，还是打了水漂的投资，两者都有一个共同点，即总有一个糟糕的搭档参与其中。

坏搭档并不意味着他们就是坏人，虽然有时候确实是。坏搭档只是错误的搭档。换句话说，在合作这件事情上，你找错了人。

世界上好人很多，但好人并不等于好的商业合作伙伴。在婚姻中，也有很多好人和错误的对象结了婚。当然，如果你真的遇到一个道德败坏的人，那么不管你有多好，和他进行商业合作或结婚都不会有好的结果。

无名指

无名指代表着通往点石成金之路所必需的"合作"。如果找错了合作对象，那你"点"什么都不灵；如果找对了，你"点"什么都能变成真金。

小丑不是合作对象

我在第一章提到过我和朋友约翰合作开公司的经历。在20世纪70年代后期，我们的尼龙钱包生意开始有了起色。可问题是，维持生意需要投入大量的资金。就像我之前说的那样，由于公司总处于缺钱的状态，我们需要不断地筹钱。位于韩国和中国台湾地区的工厂负责为我们生产钱包，然后我们把生产出来的钱包运到门店出售。听上去很不错吧。同时，我们销售产品的速度和我们生产产品的速度一样快。

问题在于，在收到门店付给我们的货款之前我们要向工厂下订单并支付货款。这就是我们总是遇到现金流麻烦的原因。平均算下来，我们当年四月份投入的钱要到次年二月才能收回，这个周期长达十个月。现金不断流出而没有流入，钱包卖得越好，流出去的现金就越多。

由于顾客对尼龙钱包的需求上升，我们对现金的需求也在增加。很快，我们发现筹措5 000美元、10 000美元都不够用。为了保证门店的货源充足，我们至少需要筹措到10万美元。这时，富爸爸是我认识的人中唯一可以拿出这么多现金的人，因此我打电话给他，希望他能够和我们见面谈谈。

富爸爸很耐心地听我做了十分钟的自我推销。然后，他礼貌地请我的两个搭档离开一下。门刚刚关上，富爸爸就开始对我怒吼。可以说,这是他教训我最厉害的一次。

在富爸爸看来,我的那两个搭档完全不能称之为搭档,他叫他们"小丑"。至少他能确定其中的一个——斯坦利。富爸爸认为他不仅懦弱而且不诚实,很可能会欺骗我。其实,在此之前富爸爸并不认识他,只是在看到他的那一瞬间就不信任他。

尽管富爸爸很喜欢我,但他认为我们还不够格做他的搭档,当然也不值得他来投资。

"我为什么要和你们合作呢?"富爸爸问道,"你们没有什么商业经验,也没有成功的经历,并且你的那两个搭档我一个都信不过。如果你和我信不过的人合伙做生意,我也没法信任你。你还不知道什么叫出色的搭档。他们都是小丑,不是靠得住的生意人。"

富爸爸说起来滔滔不绝,把我教训得面红耳赤。不用问,我们走的时候一分钱的投资也没有拉到。在这之后好几年,我都没有再向富爸爸开过口。

后来我们还是想办法筹到了那10万美元。然而,富爸爸的话不幸言中,他们的确不是好的搭档。被富爸爸称为"小丑"的那两个人竟然带着钱溜之大吉。

防不胜防

尼龙钱包的事情给我好好地上了一课,但它却没有让我避开生意上的坏搭档。多年来,我遇到过一个又一个糟糕的搭档,用富爸爸的话说,和他们合作也让我自己变成了别人眼中的坏搭档。

我总是和我自认为的"好搭档"一起创业。随着生意开始走上正轨,公司开始赚钱,一开始的"好搭档"就会变成坏搭档。

我在做尼龙钱包生意的时候是这样,在创办富爸爸公司的时候也是如此。

俗话说得好:"可以共患难,却不能同富贵。"这句话用在生意场上再合适不过了。坏搭档本质上不是坏人、骗子,只是他们从来没有成功过。成功之后,他们性格上的缺陷也随之显现。在创办富爸爸公司之前,我和别人合伙开办过一家小型教育公司,有一个合伙人突然开始像豪客一样花钱。在此之前,她的手头从来没有宽裕过。当看到公司日进斗金,她那长期被压抑的购物欲一下子被点燃了,她开始用公司的信用卡购买私人物品。最终,我终止了与她的合作。她是一个好人,只是喜欢购物而已。

有意思的是,我在富爸爸公司遇到的坏搭档竟然是公司的律师,正是我请来让我避免上当受骗的专业人士。

我知道这些失败的经历再一次让我看起来傻到了家,也让我沦为了不值得合作的人。我希望自己能跳出这个"创业—获得成功—糟糕搭档现形"的循环。我希望我讲的是与好搭档合作的轶事,我也想过不要自爆其短,不要讲这些遇人不淑的故事,但是我相信这些教训一定能让正在读这本书的你有所警醒。和很多人一样,我"屡战屡败,屡败屡战",而现在我终于走出了困局。

真心话

如果没有金这位了不起的妻子做商业伙伴，我不可能走到今天。从1985年到现在，我好几次遭遇生意搭档的无情背叛。如果没有金和其他一些好朋友，我可能经受不住经济和感情上的双重打击。经济上我损失了数千万美元，但精神上的打击要比经济损失更惨痛。曾经是朋友和搭档的人突然撕掉伪善的面具，曾经一起合作的人突然变得卑鄙无耻，这些遭遇令我十分痛心。这些事情我永远都不会忘记。

在参加越战的时候，我目睹了人性中最丑恶的一面，但是我在越南看到的"野兽"和我在商场中看到的"野兽"不一样。在越南，战争和不共戴天的仇敌激发出了士兵的兽性。而在商场上，让人变成"野兽"的往往是贪婪。商场上的"野兽"更可怕，因为他的攻击对象通常是朋友和生意伙伴。

背叛是生活的一部分

背叛大致可以分为两类：一类是故意背叛，另一类是由于能力不足或渎职造成的无意背叛。如果你能从遭受的背叛中得到成长，你就有更大的机会成为一名成功的企业家，习得属于自己的点金术。

关于背叛，最有意思的一点是背叛你的人往往觉得他才是被背叛的那一个。换句话说，这些人总能为自己的背叛找到理由。

遭受背叛时，你最应该做的事情就是找到能让自己迅速振作起来的办法并成长为一个更好的人。这意味着你要放弃报复，尽管你很想那样做。这很难做到，但正是这种挑战，让你日后比背叛你的人更优秀。如果你还没有经历过背叛，你就不会发现自己性格中坚毅的一面；如果你发现自己性格中有这一面，你可能已在生活中经历过背叛。

被别人背叛的感觉非常痛苦，你的第一反应很可能是去报复背叛你的人。但是，即使你认为报复是正当的，也要克制冲动。如果你这样做了，你就会沦为背叛者的同类。实际上，背叛者总能找到背叛的理由，他认为自己正是为了那个"正当"的理由而背叛你，尽管你可能什么都没做。

还是再说说我的尼龙钱包生意吧。当时，我们的会计斯坦利把我好不容易筹来的10万美元全部分给了当初的投资人，其中大部分是他的朋友。然而，我们之前明明说好这笔钱是用来扩大生产的。当我质问他为什么要那样做时，他回答道："不管怎样，我都得先把我朋友的钱还了。"在他看来，他做的事情天经地义，即使他背叛了自己的搭档。

我努力向他解释，如果把这10万美元用于生产，我们的销售额会达到100万美元甚至更多，到时候给所有的投资人发红包都绰绰有余，但是他完全听不进去。他在把钱分发给朋友之后就辞职了，公司业务很快一落千丈。而且斯坦利在离开之后还打电话给其他的投资人，向他们数落我是多么无能。很快，越来越多的投资人要求撤资。我想报复斯坦利吗？当然想，但我没有那么做。

我花了两年的时间重建企业，并开始向投资人支付投资回报。事实证明，我做了一件正确但很艰难的事情。这次打击是我创业路上的无价之宝。尽管很痛苦，但经历这一切之后我得到了成长。

富爸爸仅凭一面之缘就看出斯坦利不但软弱而且没有勇气。当投资人要求还钱的压力越来越大时，他就选择了背叛搭档和公司。

我不知道斯坦利现在在哪里，但我知道，他的背叛让我比以前更加优秀、更加强大。斯坦利以一种特殊的方式帮助我习得了点金术。如今，在商场上我能迅速"嗅出"软弱的家伙，对他们的危害性也有了更多的了解。

作为一名前海军陆战队队员，"有仇必报"应该是我的处事风格。海军陆战队绝不会容忍像斯坦利这样软弱的人。没有选择用海军陆战队的方式去教训他，这是对我性格的极大考验。值得骄傲的是，我经受住了考验，并且变得更加强大。尽管我仍然保有海军陆战队队员的那种执着，但如今我把它放在了更为积极的事情和行动上。

"以牙还牙，只会两败俱伤"这句老话很有道理。我没有按照海军陆战队队员的性格去报复斯坦利，而是选择了听从"最好的报复就是成功"这句话。糟糕的搭档成了激励我通向成功之路的动力。我没有报复，而是将怒火转化为获得成功的力量。

今天，我的成功在很大程度上要归功于那些坏搭档，是他们教会了我如何成为一个好搭档。

从合作中得到的感悟

经过这些年在商场上的磨炼，我得到了一些有关合作、搭档选择和人性等方面的感悟。

1. 和坏搭档做不成好生意

"和坏搭档做不成好生意。"我再次重复这一句话是因为它值得反复强调。无论是陷入困境的企业还是一段失败的婚姻，我们总能从中找到一个糟糕的搭档。有时候，一个生活中的好人也会成为坏搭档。

2. 当你成为一个好搭档后，好的交易就会自己找上门

富爸爸告诉我，如果我成天和糟糕的搭档为伍，自己也会沦为他们中的一员，那么我永远也不会成功。富爸爸引领我学习人性和商场之道，鼓励我勤奋工作，教我把每一天都当成生命中不可缺少的经历。他向我保证，如果我成为了好搭档，好的合作对象和交易都会自动找到我。

富爸爸的话奏效了。从2007年到2010年，尽管整个经济环境不景气，但自动找上门来的商业机会比以往任何时候都要多，我和我的搭档们赚得盆满钵满。如果我是糟糕的搭档并且声名狼藉，美国那些最负盛名的投资集团绝不会邀请我和他们一起合作投资。

3.糟糕的交易会让你遇到好搭档

每一次糟糕的交易之后,我都会遇到更好的搭档。肯·麦克尔罗伊和金就是我在一次糟糕的交易中结识的。后来肯成为了我的富爸爸公司的合伙人,而金则成为了我的妻子。

肯也叫上了他的搭档罗斯·麦卡利斯特,加上金和我,我们这几年一起赚了数百万美元。

如果不是因为一个坏家伙牵头了那次糟糕的交易,我可能永远都不会认识金和肯。你能发现这个规律吗?这在我的职业生涯中发生了很多次。现在,每当一桩生意开始走下坡路的时候,我就开始寻觅新的搭档。

4.好人也可能成为糟糕的搭档

很多人都想成为企业家,但是他们并不适合参与到企业的管理事务中来,尤其是在创业起始阶段。

由于大多数人接受的是如何成为E象限和S象限中的人——雇员和专家——的培训,因此他们并不具备一家企业的创业团队成员所需的经验、知识和性格,这会让一个好人成为一个糟糕的搭档。

我的一个朋友开了一家餐饮公司。他很喜欢自己的事业,因为他很喜欢烹饪。他每时每刻都在想着研发新菜谱和怎样让他的菜肴更加令顾客难忘。问题是,他对商业经营并不感兴趣,他从来没有学过会计、市场营销、金融或是商业法律方面的课程。

他也不是商科毕业生，公司员工都因为他缺乏商业领域的知识而暗暗叫苦。

不幸的是，他觉得自己是一个商场能手，不需要别人教他怎样做生意。

当他想让我与他合作时，我拒绝了。他是一个好人，但是我觉得他不会是一个好搭档。我发现这一点在医生和会计身上表现得尤为突出。他们自认为擅长做生意，因为他们在学校和执业时都做得非常不错。然而，我还从未发现过擅长做生意的医生、律师或是会计。因此，他们在商场上不会是好搭档。

5.缺乏经验的人不会得到参与好生意的机会

由于大多数人都没有成功创业的经历，因此他们不会得到参与好生意的机会。他们可能会被邀请参与糟糕的生意，或是别人不想碰的生意，但是好生意不会找上他们。

一旦成了成功的企业家，并有了良好的声誉，所有人都想请你与他们合作。换句话说，你越是成功，你就越有可能更成功。即使你有一些钱，但如果没有实际的创业经验，美国证监会也将禁止你投资那些回报率最高而且在纳税方面享受最优惠政策的投资项目。

美国证监会建议（而且往往是要求）没有经验的好人应该选择储蓄、股票、债券和成熟的基金，即使这些投资项目往往是世界上税赋最重而且回报率最低的投资。

无价的人际关系

富爸爸常说："做生意不难，和人打交道难。"这句话在我身上得到了应验。从商的这些年来我遇到了一些很糟糕的人，但也遇到了一些很了不起的人，比如唐纳德·特朗普、史蒂夫·福布斯（美国福布斯集团总裁）和奥普拉·温弗瑞。如果我没有进入商场，我可能永远也不会认识这些人。

当你回想起第二章的B-I金字塔——企业成功的8个要素时，就很容易理解富爸爸说过的那句话："做生意不难，和人打交道难。"

从B-I金字塔来看，企业需要具备8种不同技能的人才，最理想的状态就是让这8种人才为同一个目标工作。10家新公司里面有9家会在最开始的5年内失败，尽管失败的原因很多，但创业者没有着重关注这8个方面并实现盈利往往是导致创业失败最常见的原因。

尽管当年我知道失败的可能性很高，我还是创立了尼龙钱包公司，原因之一就是我不知道还有什么办法比开公司更利于我学习如何与人打交道。我认为，如果我能坚持下来，勇于承担好与不好的结果，从中学习并得到成长，我会成为一个好搭档。今天，我仍然在持续这一过程，因为我还有很多东西要学习。和不同的人打交道看起来像是一个永无止境的过程，但我可以从这个过程中学到我想要的东西。好消息是，我越是擅长处理人际关系，生活就变得越幸福，获得的财富也越多。

在点石成金的五根手指里，我认为最重要的就是无名指，因为，如果你学着去做一个好搭档，你将会遇到一些了不起的人，他们会帮助你在创业的道路上更快地获得成功。

记住，和坏搭档做不成好生意。如果你成为了一个好搭档，你会发现你的世界充满了绝好的交易机会和优秀的生意伙伴。

篇后语

几年前，我来到唐纳德的办公室，那时他正在和别人通电话。"他们人怎么样？"唐纳德对电话那边的人说道，"我不在乎这笔生意怎么样，我有很多好生意，我只想知道他们是不是好的合作伙伴。"

在听到对方的回答后，唐纳德说道："听你这么说我很高兴。如果他们人不错，我会进一步跟进。"说完他就挂掉了电话。

唐纳德抬头看着我说："到了我们这个年纪，已经没有时间浪费在和坏搭档打交道上面了。虽说我们不缺钱，但我们也没那么多时间去浪费。而且，做生意已经够麻烦了，为什么还要和坏搭档一起做生意？和好搭档一起会有趣得多。"

然后他问我："接下来做什么？让我们做点有意思的事情吧！顺便赚点钱。"

富有成效的合作是成功的关键

唐纳德·特朗普

多年来我建立起了无数的商业合作关系，我发现"合作"和"声誉"是紧紧地联系在一起的。

我一直很推崇亨利·福特说过的一句话："你不能靠自己声称将要做的事情来建立声誉。"我认为，你也不能通过差劲的合作关系或坏搭档来赢得声誉。我遇到过一些有很多好点子的人，但是他们却不会去实施。我也遇到过一直都身体力行的人。显然，我会选择后者进行合作。

最棒的搭档

当我开始创业的时候，我有一个非常了不起的搭档——我的父亲。这段合作关系很难被超越,我们之间建立了良好的关系。我前面提到过，他非常重视细节，我一直在学习这一点，我至今仍记得他会在工地上回收没有用过的钉子。

他没有什么业余爱好，他认为自己的工作非常有意思而且乐此不疲，所以他不需要别的娱乐。他总是在工作，即使晚上和周末也会在电话里和别人谈工作上的问题。听他打电话也会让我学到很多东西。他懂得如何去谈判，而我认为我的谈判能力正是来源于听他打电话，因为他的电话总是和工作有关。打电话时，他会单刀直入，直奔主题，从不浪费时间。

他还教我如何保持谨慎。从他身上我明白做生意不仅要树立克服困难的决心，还要能洞察先机。我的父亲工作非常刻苦，因此如果有人在工作中出现懈怠，他马上就会发现。因为他很认真，所以他很容易发现其他人的弱点。

我还从父亲那里学会了相信直觉。直觉既可以靠后天培养，也可以是天生的。有时候，我就是觉得某个人靠不住；而有时候，我立刻知道我喜欢某个人，比如马克·伯内特和清崎。在积累了足够的经验之后，我现在已经具备了极其敏锐的直觉。

作为一个企业家，你要雇用员工。我有一个理论：每次雇用员工都是一次赌博，无论他们的资质证明如何。我雇用过名牌大学的毕业生，但他们名不副实；我也雇用过没有什么资格证书的人，他们反而工作得很出色。评估一个人的能力并不容易，除非你亲眼看他怎么工作并给他一点挑战或考验。这些年来，我遇到过很多让我感到惊讶、惊喜和失望的员工。不管怎样，你都要给他们机会，让他们证明自己的能力。

当你选择搭档的时候，情况就有一些不同了。你不能依靠反复的测试去评估搭档的能力，因此，这时你就需要依靠直觉来进行判断。我很难解释直觉是怎样发挥作用的，但你不得不重视它。合作关系必须以忠诚和诚实为核心，问问你自己，这两种品质在你的搭档身上是否体现得非常明显。如果一个人总是过多地赞扬自己，这八成并不是什么好事。

与人合作还需要谈判。谈判应该是双赢的开始。否则，它就不是合作。与我合作的人必须人品不错，我可不想与人品有问题的人合作。

即便你是已经创业成功的企业家，也需要依赖他人来完成工作。再好的创意，要将其进一步发展为现实，也需要成百上千的人共同协作。每一个参与其中的人都是不可或缺的。

合作关系可以很快开始

第一次见到马克·伯内特的时候我就喜欢他，我们之间的合作从2003年起一直非常愉快。《飞黄腾达》于2004年1月首次在电视荧屏上播出，自那之后我们之间的关系更加紧密。马克知道我是第一次接触这个行业，但他还是对我表示出相当多的尊重。我们从一开始就以搭档的身份在一起工作。他会听取我的建议并回答我的疑问（尽管我有很多疑问）。我们的成功证明了我的直觉是正确的，他的确是一个了不起且富有远见的人。

马克对美国娱乐业有着非常重大的影响。他有一个特点，那就是永远向前，从不停步。他不知倦怠为何物，对自己做的每一件事情都严格要求质量。我们不仅仅是生意上的合作伙伴，还是生活中的朋友。让我印象最为深刻的是，我们第一次会面时他是那么干脆，一点都不拐弯抹角。只要他想出一个好点子，就立即要求与我见面，如果我们就合作达成一致，他就马上开始工作。他非常了解《飞黄腾达》应该以什么样的方式在电视上展现，也熟知每一个相关细节。他在经过深思熟虑之后才会提出自己的意见，这让我在做决策时能少走很多弯路。他之前制作的电视节目都非常成功，所以我知道他有着丰富的实战经验。和这样的搭档合作，风险会大大降低。

刚遇到清崎的时候，我就知道他是一个诚实而且聪明的搭档。我对他出色的履历和卖出的那么多书感到惊讶。我认为他是一个值得合作的商业伙伴，与他合作出书确实是一个不错的主意。他也是第一个和我合作出书的人。自2006年我们出版第一本书以来，我们的书经常登上全球各地的畅销书榜单。

如果有人想从背后偷袭我，我会是一个战士，迅速做出反击。如果人们知道你会反击，他们就会在欺负你之前仔细掂量一下。这会为我节省很多时间和法律费用。我也同意清崎的观点：成功，就是最好的报复。

早年和父亲一起工作的经历是我人生中的一笔财富，这让我在后来的人生路上少走了很多弯路。这样的经历是一种很好的教育，父亲为我树立了榜样，我至今仍心存感激。

清崎并没有像我这般幸运，他遭遇过几次惨痛的教训，但他还是成功了，他将遇到的困难视为成功路上的考验。因为父亲对我的影响，我在选择搭档时会更加慎重，这也是我比清崎幸运的地方。

讲究合作策略

我还在读大学时就开始创业了。我和父亲在俄亥俄州的辛辛那提做了一笔生意。我们发现当地法院正在拍卖一栋由联邦政府出资修建的大楼。这栋大楼共有1 200个房间，但有800间空着。大楼的状况很糟糕，以致除了我们没有其他人竞标。我们以很低的报价投了标，然后中标了。

长话短说，不到一年我们就让这栋大楼焕然一新，而且租出了所有的房间。问题是，在这不到一年的时间里，我们换了6个项目经理才找到最合适的人选。有些经理很诚实，但是人不够聪明，有些经理则容易在工作中出差错。我不得不一个接一个地对他们进行评估，有些人根本就不具备作为一个项目经理所需要的基本能力。我们最终找到了能胜任此工作的人。他底子并不干净，但是他很有做项目经理的天赋。大多数时间他都能出色地完成任务，我只需和他在工作上打交道就行了。我知道他并不是一个完全值得信任的人，所以我对他是有防备的。这并不是最理想的合作关系，但的确起作用，而且这栋大楼在他的打理下运作得非常好。虽然他曾经是一个小偷，但是他能胜任我这里的工作。

几年后，这栋大楼附近社区的环境开始恶化，于是我和父亲将其挂牌出售。很快我们就找到了买家。这笔生意给我的最大收获就是让我学会了与各种不同背景的人合作。

我的团队

对于 Trump 集团的任何项目，我都会组建一个团队来处理项目的日常事务并满足现场的要求。每个团队都会有一位总经理，其下还会有其他级别的员工。从某种程度上讲，正是合作造就了这些团队。团队中的所有人需要一起工作以求成功，尤其是在非常依赖高质量服务的酒店行业。我的经理们和其他所有员工都知道我要求严格，因此他们代表的标准就是行业内的最高标准。

我的企业有一个新团队，它让特朗普酒店集团（Trump Hotel Collection）获得了国际认可。这个团队由我的3个孩子组成，他们是唐、伊凡卡和埃里克。他们参加过很多项目，并以此证明了自己是值得合作的搭档。

谈起好搭档，我的脑海里首先浮现的就是他们。他们工作刻苦、充满热情而且能独当一面，他们取得的成果让我引以为傲。伊凡卡有自己的珠宝、鞋履和手袋公司，她能像一个商场老手那样处理工作。他们三人都和慈善机构积极合作，他们的职业道德无可厚非。作为父亲，我为他们感到无比的自豪。有这样三个得力干将，我觉得自己是一个特别幸运的人。

好搭档和坏搭档

搭档至关重要。一个好搭档首先应该是一个值得信任的人。当然，他还得具备相关的技能和才干。这也是你选择搭档的标准。在商业合作中,我寻找的是和我具有相同价值观的人,否则,合作一定不会成功。清崎不失为一个好搭档,他的前海军陆战队队员身份无疑是一块金字招牌。跟他合作,我很放心。

如今,不与他人建立合作关系,独自打造一家成功的企业几乎是不可能完成的任务。但对于某个特定项目来说,如果你有能力组织交易、为项目找到合适的人才,你也可以单干。比如,如果我要建造一栋新大楼,我会找一位建筑师,而他会带来自己的团队,然后我再找到合适的承包商、庭院设计师和其他相关人员。这个过程可能很复杂,但值得尝试,因为整个过程都在你的控制之中。

让自己成为一个好搭档的方法之一是问自己:"我希望有一个什么样的搭档?"然后努力让自己成为那样的人。诚实的人通常会吸引诚实的人,但并不是总是如此。有些人并不坏,他们只是能力欠缺。而有些人就是坏人,并且他们本性难移。所以,在我的搭档以某种方式证明他们可靠之前,我会一直保持警惕。

我在做房地产生意的时候碰到过搭档变为对手的情况。一位朋友在知道我想参与某个项目之后抢先下手,却并没有和我合作。我大吃一惊,因为我认识他很长时间了,而且一直把他当做朋友。令人高兴的是,事情最后得到圆满解决。但是这件事给我上了一课。我不会说出他的名字,因为没有必要,但类似事情时有发生,它们都是很好的教训。当涉及利益时,人们往往会有惊人的转变。

在某一集《飞黄腾达》中,由妮姬·泰勒担任项目经理的一队输掉了比赛。她没有为此责备任何一个团队成员，而是自己承担全责，愿意接受一切批评。她表现出了伟大的品质。和她的团队成员一样，我也非常欣赏她的性格。她以有尊严的方式离开了赛场并赢得了人们的赞赏。

交易与合作

几年前我和清崎有过一次关于"合作关系"的对话。那时，他正处于一段糟糕的合作关系之中。就我自己而言，我情愿与别人做交易也不愿与别人合作，因为人太复杂而且可能最终背叛我，而交易则要简单得多。对于交易，你仍会有一些关系需要处理，但你的负担不会像合作所承担的负担那么重。合作就像结婚，结局可能很美妙，也可能很糟糕。如果可以的话，最好一直和你喜欢而且信任的人合作做生意。

多年来，我一直做各种交易。凭借我的名声我可以很容易找到好的交易机会。我知道这对于你们来说可能并不是那么容易，尤其在你们刚刚开始创业的时候。但我建议你们在创业路上记住"交易"这个词。时刻记住"我在做一笔交易"，而不是"这是一次重要的合作"，前者会让人感觉轻松很多。

谈判的艺术

谈判是企业家需要掌握的技能之一。我的谈判技巧是从很多次交易中积累起来的。好的交易对双方都有利，它能创造双赢局面。谈判是说服而不是强权压制。它有点像外交，但谈判的人可以在做"外交家"的同时还坚持自己的主张。你需要了解对方的需求和背景。要坚持原则但也要灵活，永远不要让任何人知道你的底牌。信息就是力量，因此尽量不要泄露给他人。记住谈判的黄金法则："谁有黄金，谁来定游戏规则。"这和机会均等并不冲突，而是一个大家都没有说出口的事实。永远记住：今天的交易可能为你未来的生意奠定基础，因此在谈判中要重视公平和诚信。毕竟，在商场上口碑是很重要的。

人们之所以喜欢和我做生意是因为他们知道我行动很快，而且他们会得到公平对待。这是我辛苦奋斗多年得来的声誉。但这并不意味着我这个人很容易糊弄，相反，我要求严格。我并不会为预期所限制，更多的时候，我尽量让大家都能从交易中获利。当清崎和我决定一起出版我们的第一本书时，并没有经过什么复杂的程序。我们几乎没怎么谈判，因为没有必要。

我曾经遇到过对方对将要进行的交易几乎一无所知的情况。我立刻知道自己极有可能大获全胜，因为他们明显缺乏信息和准备。这种情况让我目瞪口呆，但我并没有趁火打劫。无论做什么，你尽可能做好准备是不会错的，但有时候你可能需要装傻充愣，就像老话说的"大智若愚"。为什么要装傻？装傻是一个很好的观察谈判对手到底无知到什么程度的机会。另外，你也要相信自己的直觉，尤其在和精明老道的对手谈判时。

创业者可能会问我："你是怎样培养出敏锐的直觉的？"答案是"经验"。但是我认为我们每个人心中都有一个天生的"报警器"。你应该学会听从内心的声音。这可能无法用语言表达，但是你的"报警器"的确会向你发出警告。我经常建议创业者"打破沙锅问到底",这是一种保持谨慎的方式。另外,你还要利用媒体了解全球最新的事件动态,为你的生意做好相关的准备工作。

批评和冲突

我曾经和形形色色的媒体合作,无论大小。我和优秀媒体的合作时间更长。里吉斯·菲尔宾、芭芭拉·沃尔特斯、拉里·金、尼尔·卡夫托等都对我做过电视访谈。我是电视节目的常客,我和他们保持了专业的合作关系,甚至和有些人建立了友谊,因为我们都尊重彼此。我们于公于私都保持了融洽的关系。

这些年来,有时候我也会被媒体攻击。但事实是,仍然有很多优秀的记者保持着公允的态度。

至今我还记得在纽约联合国广场建造特朗普世界大厦(Trump World Tower)时受到的很多批评。但《纽约时报》刊登了一篇由著名建筑评论家赫伯特·马斯卡姆撰写的文章,文中称其为"漂亮的玻璃塔楼"。他还评论道:"特朗普在不介意公众对他的批评的时候比他在乎的时候要做得更好。"当你明白从来不被批评的人只能是那些从来不冒风险的人时,你就不再会因为受到批评而难受了。不要惧怕风险——如果受到批评,记得你不是一个人在战斗。

人们之所以会攻击你,是因为只有这样他们才会引起大众的关注。他们的攻击往往都别有用心,这是我在经历了很多次责难之后发现的规律。让他们停止攻击的最好办法就是不予回应,因为他们正期待着你的反击。往好的方面想,他们帮你提升了关注度,有时候这对你而言是好事。不过你自己得权衡利弊,因为很多时候你必须进行辩解或回击。

我曾被牵扯到很多诉讼中,可我并不喜欢打官司,但有时候诉讼是迫不得已的必要手段。在这个世界上,总有一些不可理喻的人或是做事不择手段的人。你必须有所回应,不然你就会被他们牵着鼻子走。你必须为了保护自己而勇敢站出来。

"做生意不难,和人打交道难。"就像清崎的富爸爸说的那样。但是,处理人际关系的技巧需要靠经验和专注来获得。和清崎一样,我也遇到过一些了不起的人,他们的背景、经验和职业各不相同,他们中的很多人因为生意上的合作和我成为了朋友。因此,从踏入商场的第一天起,你就要考虑合作的重要性——无论是在生活中还是在生意场上。

精　粹

俗话说得好："你不能选择自己的父母，但可以选择你的朋友。"同样的道理，如果你是一名员工，你不能选择你的同事。但如果你是一名企业家，你最重要的工作就是选择和你一起工作的人。实际上，没有什么工作比这项工作更重要，因为你的员工将代表你和你的企业。

你的个人发展计划

对你而言，通过创业成为一名企业家可能是最好的个人发展规划，你的企业将会是你最好的商学院。如果你个人得到发展，你的企业也会有所发展；否则，你的企业也不会有太大作为。

创业就像打高尔夫球。当你错过了一杆进洞的绝佳机会时，无论你多么想找到借口，你只能责怪自己。

其他人的行为可能触碰到你的底线，但你一定要坚守自己的底线。当其他人令你的企业蒙受损失时，承受亏损的是你的企业和你自己。如果你的顾问提供了糟糕的建议，你要为这些建议付出代价，因为你损失的金钱远多于付给他的工资。如果你为自己的过失责怪别人，你损失的将不只是金钱，你还会失去学习和成长的机会，以及成为一个更好的企业家的机会。

为什么大多数人仍然停留在 E 象限或是在 S 象限中小打小闹？因为他们并不想为其他人承担责任。跟你合作的人会是你最大的资产，但也可能是你最大的负债。

最重要的工作

很多人不善经商的原因之一就是他们处理不好人际关系。你认识的人中有没有完全不和其他人联系的人？他可能是一位优秀的工程师、会计师、投资人、律师、医生或歌唱家，他才华出众，但就是难以与他人和睦相处。处理好与他人的关系是点石成金的关键。作为创业者或企业家，和他人融洽地相处是你最重要的工作，但做到这一点并不简单。为什么？因为人们有着不一样的背景、迥异的性格和不同的喜好。想成为一名成功的企业家，你一定要和你的投资人、搭档、顾问、员工和客户搞好关系。

和投资人合作

有些人能将你的想法变为生意。但如果他们不相信你的创业技能，他们会说："点子不错，不过我没有兴趣，谢谢。"当然，他们实际说的话可能没有这么委婉。颇具讽刺意味的是，世界上到处是拿着钱找投资项目的投资人，但真正值得投资的企业家却很少。你的工作就是成为一名值得投资的企业家。要做到这一点你需要付出很多努力，因为做一名企业家和做一名员工截然不同。企业家必须具备常人不具备的能力。

你要学的第一堂课就是融资。大多数人都有很不错的点子，问题是他们筹措不到资金，因为他们完全找错了方向。如果你希望筹集到资金，你就要站在一名位于 I 象限的职业投资人的角度看世界。职业投资人并不真正在乎你的产品，尽管它很重要。他们想要了解的是你本人、你的经验、你的团队，以及你的支持者。他们想知道你的搭档、你的咨询团队、你的银行经纪人及其他投资人。职业投资人考虑的是人，因为他们知道，无论什么生意都是人的生意。

由于大多数创业者并没有从商的经历，因此职业投资人不会对此进行投资。很多创业型企业都是通过朋友或亲人来融资，拿友谊或亲情而不是商业风险做赌注。你希望有机会证明自己是一个具备商业技能的出色的企业家，但是你必须在获得这些技能之前就让人们相信你是一个企业家。这也是为什么接下来要说"搭档非常重要"的原因。

和搭档合作

有的企业家喜欢单打独斗，但还有很多企业家选择找搭档合作。搭档非常重要，因为没有人能具备 B-I 金字塔所需的全部技能。有一位好搭档能提高企业前五年的生存几率，而这五年正是大多数新生企业倒闭的危险期。

最好的合作关系是每位搭档都具备互补的技能、才干和经验。比如，一位搭档擅长外交，另外一位则擅长经营；再比如，有的人喜欢从大局着手，而他的搭档却喜欢关注细节。你可能已经明白：商业合作关系就像婚姻关系，如果找对了对象，你可能会身处天堂；否则等待你的就会是地狱。

最好的搭档由以下三种人组成：

（1）梦想家。他们心中有关于美好未来的宏观蓝图。

（2）实干家。他们运营公司，确保企业这辆火车的每一个零部件都合适，并让火车高速运行。

（3）铁血守护者。他们是企业的守护者，且从不信任任何人。如果需要维护企业利益，向外人示威，他们是最佳人选。

我们已经学过如何具备这三种人的特质。有些创业者只具备一种或两种，你能够同时身兼这三种人的角色吗？如果不能，就找到你所欠缺的那些人，因为你的企业需要他们。

这里还有一些不需要你花很多钱但却很有效的法律建议。在成为一家公司的正式合伙人之前，你最好找律师起草一份合作协议，以防公司情况变糟糕或是有人希望另谋出路。合作协议就像婚前协议。正如你知道的那样，婚礼宣誓一般都以这句话作为结束："直到死亡将我们分开。"但现实中有太多的婚姻以离婚收场，因为离婚比死亡好多了。

和很多夫妻一样，很多准合伙人在起草合作协议时会发现彼此之间存在很多分歧。这和婚前协议一样，最好尽早找出你们之间的分歧，而不是在公司成立之后才想到这些。

有一个很老的笑话。

治疗师:"你为什么老是恋爱失败?"

女人:"我好像总在吸引不靠谱的男人。"

治疗师:"不是这样,是因为你老把自己的电话号码告诉不靠谱的男人。"

在选择合伙人的时候你应该小心,正所谓"相爱容易相守难"。新婚夫妇的蜜月结束之后,问题也会接踵而至。如果你和合伙人不能及时解决问题,问题就会越积越多。在婚姻和企业中,你很容易讨厌曾经喜欢的人。因此,在成为合伙人之前,你们一定要签好合作协议。我们每个人都有好的一面和坏的一面,在讨论合作协议时,你不仅会看清搭档,也会看清自己。

只有梦想家才会认为合作关系永远是愉快的。任何一段关系都存在分歧,如果你有很好的搭档,你们的分歧可能会带来意想不到的效果。很多时候,绝妙的主意来自于激烈的讨论。但是,如果只有争吵和分歧,而没有任何有价值的主意,这样的合作关系也还是失败的合作关系。当拉里·佩奇第一次遇到谢尔盖·布林时,他们几乎没有一件事情是看法一致的。但后来他们达成了一致,并创建了谷歌公司。

如何成为一个好搭档

你可能已经注意到,在《飞黄腾达》里,唐纳德听取别人发言、观察他人和提问题的时间超过了他自己发言的时间。这正是优秀的领袖要做的事情。造物主给了我们两只耳朵、两只眼睛,却只给了我们一张嘴巴。

造物主这样做的用意就是：多听、多观察，少说话。在一家企业里，如果每个人都在滔滔不绝地讲话，而没有一个人在听别人说话，这家企业则有很大的问题。只说不听的领导不是好领导。当你向投资人寻求投资时，最好少说多听。你要了解投资人认为什么是重要的，从中你会学到很多关于商业方面的知识。

和顾问合作

投资人都想知道你的顾问是谁。所有的上市公司都必须设立董事会。即使没有上市计划，你也应该成立你的顾问团。举个例子，如果你计划开一家餐厅，你应该聘请在这方面有过成功经验的顾问，你还需要优秀的法律顾问和会计顾问。谨慎选择你的顾问，不是所有的顾问都是好顾问。顾问团能帮你节省很多时间，减少不必要的麻烦。专业的投资人会审核你的顾问团和顾问的资质。

把顾问当成你最好的老师。拥有一家真正的企业和一个有经验的顾问团是获得商业实战教育的最好方式。但是你必须做好自己的本职工作，做一个仔细聆听、认真学习的好学生，然后不断改进。顾问说的每一条意见你不一定都得照做，但是你必须仔细倾听他们告诉你的每一件事情。如果不想听，那么你可能根本就不需要顾问，或者你需要换一位顾问。

和你的员工合作

他们是你最难应付的一群人，但是你必须坚持，因为员工可能会成为你最好的老师。企业需要具备不同领域技能的人才（比如会计、法律、客户服务、市场营销、广告、销售和产品开发等），因此，你面对的是一群高度专业化的人群。在你的员工中，有些人积极向上，有些人却很懒散，有些人诚实，有些人却很虚伪。让他们同心协力为了企业的目标而共同奋斗并非易事，但这是你必须完成的任务。记住，一颗老鼠屎会毁坏一锅粥，学习怎样保护你的员工不受害群之马的影响非常重要。如果投资人感觉你的员工有问题，或者你不是一个有能力的领导者，他们是不会对你的企业进行投资的。

创业者经常说的一句话就是："我招不到优秀的人才。"由于大多数创业者很少有领导员工的经验，他们往往会说："最近这一阵就是招不到合适的员工啊。"大多数情况下，企业招不到好员工的真正原因可能是老板还不是一个好老板。你如果能提升自己的领导技能，你的员工也会随之得到成长。

和你的客户合作

一家企业必须有稳定的客户群和良好的客户关系。你的客户将是你最好的老师之一。

一位职业投资人总是会问："谁是你的目标客户？他们为什么需要你的产品或服务？"在一个对客户的时间和金钱争夺日益激烈的世界里，你必须了解自己的客户，搞清楚客户需要你的原因和与他们保持良好关系的方法。

S象限中的创业者往往与客户有着一对一的关系。比如，医疗行业的医患关系，法律界的律师与委托人的关系。

在B象限中，企业和客户之间的关系发现了很大变化：他们之间不再是一对一的关系。B象限中的创业者必须通过不同的媒介与客户保持有效的关系。

依靠管理团队、电视节目、广播电台、社会媒体、个人魅力和出版的书，我们与数百万的客户建立了有效而持久的关系。很明显，投资人也希望知道你会怎样吸引并留住客户。

最好的商学院

你的企业就是你最好的商学院，同时也是一个永无止境的个人发展项目。如果你成长了，所有事情也会朝着更好的方向发展。如果你变成了了不起的人物，金钱和名声将会唾手可得。如果在遇到挫折时责怪他人，你则证明了自己是一个无能的人。商业社会里有很多失败的创业者，原因在于他们并没有把企业看成自己应该在其中好好学习的商学院。

推销自己

你是否已经为推销自己做好了准备？你需要学会如何快速推销自己，因为这对于融资非常重要。你必须知道要对投资人说些什么。当然，明确品牌定位和可行的商业计划也不可或缺。一旦你琢磨好了措辞，接下来就是练习、练习再练习。

和生活中的很多事情一样，如果你想做到优秀就必须多加练习。你要学习怎样快速推销自己和企业。你越是擅长推销，你和你的企业就会发展得越好。

记住大拇指代表你的个性特点，食指则让你在推销中时刻集中注意力，中指代表企业的品牌，无名指则提醒你要建立好的合作关系。你要多加练习如何推销自己。练习越多，你学到的东西就越多，成长得也就越快。

推销自己时你必须做到快、狠、准。和大多数商场中的成功者一样，投资人都非常忙碌。一般情况下，他们没有时间和耐心听完你的长篇大论。你必须切中要害，而且要快速入题。

快速推销指南

以下是有关如何进行自我推销的四个要点。有意思的是，这四个要点也是你在设计企业业务时应该遵守的指南。记住，你在介绍每一点时的所用时间不应超过2分钟。

项目

- 这个项目是什么？
- 为什么这个项目是独特的？
- 客户为什么需要你的企业？
- 客户为什么喜欢你的产品？

搭档

- 你是谁？
- 你的搭档都有谁？

- 你的教育背景怎么样？
- 你和你的搭档有多少经验？
- 你和你的搭档准备如何让项目成功？

融 资

- 项目的总成本是多少？
- 筹措的资金如何使用？
- 你的搭档是否投入了自己的钱？
- 投资人的回报率是多少？
- 企业的税赋如何？
- 你的CFO（首席财务官）是谁？你准备聘请的会计师事务所是哪一家？
- 谁负责与投资人沟通？
- 投资人的退出机制是什么？

管 理 层

- 谁在运作你的企业？
- 管理层的经验如何？
- 他们以往的工作表现如何？
- 他们是否有过失败的经历？
- 他们过去的经验和项目所在的行业有多大的关系？
- 你认为现在的团队是你能组建的最强的管理团队吗？
- 你是否有信心领导他们？

这就是自我推销的四个要点，总的时间应该控制在8分钟以内。简单介绍完以上四点之后，你就可以停止讲话了。然后请对方提问，听取对方的意见并给出简明的回答。

你也可以向投资人发问，比如：

- 您对这个项目感兴趣吗？
- 您有过投资创业项目的经历吗？
- 您关注的是哪些方面？

如果他们真的对项目感兴趣，你就可以开始介绍商业计划和其他相关信息了。记住，说的最多的人会输，而听的最多的人才会赢。

聆听是向说话人表示尊重的信号。认真聆听而不是假装有兴趣在听是对他人的一种尊重。尊重他人，你才会获得成功，这不仅仅体现在商场中，生活中也是如此。

关于融资的两个小提示

提示1：在推销自己前向会计师和律师征求意见

这不只是一次很好的练习，还是难得的学习机会。如果他们是出色的会计师和律师，你会和他们建立起良好的关系。他们还能把你介绍给其他对你有帮助的人物。

如果他们资质平庸，你和你的企业都会吃苦头。因此，你在选择律师和会计师时一定要慎重。

提示2：在你需要钱之前就开始筹钱

你只需在电话里对投资人说："过几个月我要开一家公司。"然后简单介绍一下公司的情况，以及你对未来的展望。整个介绍过程不应该超过1分钟。再次强调，如果你滔滔不绝，你就输了。在1分钟的介绍结束后，你要向对方提问，比如："您感兴趣吗？想听我介绍更多吗？"如果得到肯定的回答，你就可以问："有时间的话，我们能否面谈呢？"

如果对方说可以，就记下他的电话和地址，然后打电话给他——当然是在未来的某个时间，而不是第二天就打电话。

记住这条规则："在你不需要钱的时候借钱比较容易。"你肯定不愿意被别人看成一个为钱急得火烧眉毛的人，即使你真的很缺钱。不要跟别人讲述悲惨的故事以博得同情，也不要夸大其辞或许诺过高的回报。投资人更愿意相信保守和谨慎的人，而不是言过其实和自大的人。

投资人害怕什么

很多人梦想着辞掉工作创业，但他们害怕失败。这是很正常的想法。

但是，从某个角度来看，成为一个企业家并不是什么大事。几乎每个人都可以成为一个企业家。如果一个小男孩替邻居割草赚了10美元，他也是一个小小的企业家。

那么，这个小男孩能不能成为一个了不起的企业家呢？这要看他怎样利用这10美元。

很多人只是把这10美元放在口袋里。这个世界上有数百万人都在这么做。当他们把钱放进口袋里的时候，这种行为属于地下经济，他们不做任何记录，也不缴纳任何税款。

这就是绝大多数职业投资人害怕的事情。他们知道，很多小企业主将钱留在自己的口袋里，宁可自己花掉也不用来发展企业或回报投资人。最关键的一点是，私自把钱放进自己的口袋是一种犯罪行为。投资人不会给罪犯投资。

这个世界上有很多S象限中的小企业主都是偷税漏税的罪犯，他们是地下经济的成员。你会在旧货市场和街边小摊遇到这种人，他们还包括那些在周末替你打扫房间的人、在等红绿灯的时候帮你洗车窗的人，以及很多为了挣一块钱什么都干的人。单单在美国，地下经济的规模估计就有1.5万亿~2万亿美元，而且这个规模还在增长。

如果你也身处这个没有记录、不用缴税的地下经济世界，你能做的就是让企业继续维持小规模运营，然后避开监管机构的检查。一直待在地下经济世界的人害怕变成有钱人。一旦他们发了大财，突然买了一栋别墅，开上了豪车，并进行大额信用卡消费，他们会让自己立即暴露在税务部门的"雷达屏幕"上。一旦被抓到逃税，他们的买卖立刻完蛋，而他们自己也要花费很多金钱来为自己开脱。

显然，我们并不建议你在地下经济的世界里创业。我们之所以提到它，只是承认它确实存在而且规模不小。但我们建议，

197

如果想要成为点石成金的企业家,你一定要离开那儿。

从E象限到S象限

员工不需要关注缴纳税款的问题。公司会为他们做这些事情。如果他们自己报税,那主要是为了获得退税。员工没必要请一个注册会计师或税务律师,因为这些专业人士很少为个人提供服务。员工很少有免税优惠。通常情况下,他们赚的钱越多,要缴的税也越多。

缺乏税务方面的知识让最诚实的企业家也会遇到麻烦。当一个人从E象限转移到S象限时,他会发现S象限中有非常多的纳税规定,而几乎没有几个员工了解它们。因此,你必须和专业人士(比如会计师和税务顾问)保持良好的关系。

企业家要缴纳的额外税项包括:
- 销售税;
- 自营职业税;
- 社会安全福利保障和老年保健医疗税;
- 州失业税;
- 联邦失业税;
- 其他税项。

我们可以用"小男孩给邻居割草赚了10美元"的例子来简单地说明一下税务问题。一个在E象限中赚了10美元的员工大约要支付收入的30%作为税款,也就是说,缴税之后他还剩下7美元。

一个在 S 象限中赚了 10 美元的小企业主大约要支付收入的 60% 作为税款，缴税之后他还剩下 4 美元。这就是为什么大多数小企业主会把 10 美元放进自己口袋的原因。这也是很多投资人害怕的事情。

高失业率

上面这个关于纳税的例子还说明了为什么失业率会这么高。当政府对小企业主的纳税要求越来越高时，为什么还要做企业家？为什么要冒着破产甚至被政府处罚的风险去创业？当应付政府成为最大的费用开支时，小企业主该如何生存？当政府让雇用员工的成本越来越高时，怎样才能招到新员工？既然失业了还能从政府那里领取救济金，为什么还要创业？

税赋政策和监管规定既是问题的症结所在，又是解决问题的方法。创业最大的优势就是政府给了你利用会计、法律、税务建议享受免税的机会。员工是不可能享有这种好处的。如果员工雇用了一名会计师，他要为会计师的建议支付税款。而企业家只需对其支付工资即可。简单来说，政府给了你雇用聪明人并获得免税的机会。

大多数小企业主将会计师和律师看成寄生虫。但是，如果他们能改变看问题的角度，就会发现会计师和律师其实是创业者修炼点金术的伙伴。大多数 S 象限中的创业者在刚辞掉工作时并不拥有一家企业，而税法是为拥有企业的人而不是被雇用的人或自由职业者制定的。

对S象限中的人而言，最重要的事情就是将他们的工作转换为企业。他们可以通过修炼自己的点金术实现这一点，然后进入到B象限或I象限。

从S象限到B象限

税法的设立实际上是为了给企业提供优惠并刺激企业发展。它鼓励所有人都进入B象限或I象限。同时，它"惩罚"那些位于E象限和S象限中的人。这在全世界都是如此。

大多数S象限中的创业者都忙于保住自己的饭碗，而没有做真正的工作——将自己的事业提升到B象限或I象限。如果你没有做自己真正该做的事业，政府会用高额的税金来"惩罚"你。

为什么会有税赋优惠政策

政府会为那些从事与国计民生相关事业的人提供税赋优惠政策。比如：

（1）能创造大量就业机会的行业；

（2）食品行业；

（3）房地产业；

（4）能源行业。

如果你想了解更多有关税务方面的知识，可以请一个会计师或税务律师作为你的顾问，向他咨询上面列出的四个领域的纳税问题。如果他告诉你不能享受税务优惠，或者你仍然要冒很大风险，你可以炒掉他，然后换一个更聪明的、愿意教你的顾问。纳税问题非常重要，这正是为什么我们在这里讨论它的原因。

一旦你了解了 B 象限和 I 象限中的税务问题，你就会明白为什么像通用电气公司这种一年赚几十亿美元的大公司看起来几乎没纳什么税。

你也会明白为什么政府会在大银行、大企业有困难的时候伸出援手，并且对 E 象限和 S 象限中的人增加赋税。政府的税金收入是平衡的。这也就是说，政府在给予一部分人或企业税收优惠的同时，它也会从另一部分人或企业身上拿走相应的收入。因此，政府会向从事它鼓励的事业的个人或企业提供税赋优惠政策，而对那些没有这么做的个人或企业征收高额税款。

创业者的工作就是从 E 象限进入 S 象限，然后再从 S 象限进入 B 象限，同时从 I 象限中的投资人那里筹措资金。这一过程如下图所示：

图5　创业者的演变示意图

这也是许多伟大的创业者所走过的道路：
- 亨利·福特在自己的车库里创建了福特汽车公司。
- 迈克尔·戴尔在大学寝室里创建了戴尔公司。
- 史蒂夫·乔布斯创建了苹果公司。
- 谢尔盖·布林和拉里·佩奇在大学里创建了谷歌公司。
- 马克·扎克伯格在大学里做出了社交网站 Facebook。
- 比尔·休利特和戴维·帕卡德在车库里创建了惠普公司。
- 比尔·盖茨从一家小型程序公司那里购买了微软操作系统。

然后他们开始了自己的现金流象限之旅。

篇后语

S 象限中的创业者和 B 象限中的创业者之间存在的一个很大的区别就是"网络"。大多数 E 象限和 S 象限中的人并不了解网络的力量，而最有钱的人和最大的企业实际上都拥有自己的网络。这就是为什么有钱人会控制着电视网络、广播网、连锁经营网、网络营销企业和经纪人网络等。

如今，网络的建立变得更为迅速，在各个网络之间建立联系也比以往任何时代都容易。技术的进步让人们进入 B 象限或 I 象限的难度大大降低。今天，企业瞬间就可以在世界上任意地方完成交易。这就是为什么那么多人在二十几岁就成为了百万富翁甚至亿万富翁的原因。

尽管技术降低了建立网络的难度，但创业者仍然需要得力的关系网来给自己提供建议和引导，帮助自己不断成长，最终进入B象限或I象限。为了吸引更优秀的人才，创业者必须在法律、道德等方面成为更有声望的人。

即使你不是很有钱，缺少商场实战经验，身边也没有太多的企业家朋友，你可以把自己创办的企业看成你的商学院。你还有很多需要学习的地方。你的关系网就是你的导师。你的企业会随着你一起成长。

要点和行动

- 不是每个人都适合做搭档，也不是每个人都需要搭档。但是和单打独斗相比，好搭档会提高你成功的几率。
- 搭档之间并不总是意见一致。但是如果你们不能在争论中碰撞出更好的点子，你们之间的合作就算不上好的合作关系。
- 你将会和很多不同类型的人一起共事。此时，你要多想想他们的需求，而不是只考虑自己。
- 你需要投资人来发展你的事业。和投资人建立起稳固关系的关键就是尊重他们的时间并吸引他们的注意力，因此，你在自我推销时要直击要害。
- 无论你是从 E 象限进入 S 象限，还是从 S 象限转向 B 象限或 I 象限，税务问题都至关重要。不要忽视这一涉及企业经营管理的重要领域。一定要请一个你能请到的最好的税务顾问。
- 你的合作伙伴一定要具备和自己相同的价值观。
- 在和他人建立合作关系之前起草一份合作协议，以此为结束这段合作关系提前做好准备。你可能会在签订协议之前就发现彼此有分歧，这是一件好事。

第五章

金手指之小拇指：决定成败的小事

"如果能发挥出自己百分百的能力，毫无疑问我们会让自己大吃一惊。"

——托马斯·爱迪生

小事亦大情

罗伯特·清崎

对于创业者或企业家来说,"决定成败的小事"和"着眼于小事"有很大区别。这就是为什么很少有创业者能够真正习得点石成金之术的原因之一。太多的创业者只是"着眼于小事",而没有注意到"决定成败的小事"。

现金流象限图

我总是会回到有关现金流象限图的话题,因为它清楚地解释了商业行为的多个方面。现金流象限图让我们更容易地了解到为什么那么多的创业者总是被小事所牵绊。这并不是他们的错,只因他们正好处于 E 象限或 S 象限。

E 象限中的雇员可能会在辞职后开始创业。换句话说,他们转移到了 S 象限。这么做并没有什么错,只是大多数人从此滞留在了 S 象限。

图6 现金流象限图

S象限是一个规模小但专业性强的象限，这也正是小型企业的特点。问题是，S象限往往也代表着生存困难，生活在这一象限中的人甚至是自私自利的。

很多位于S象限中的人乐于停留在此。但是，还是有很多人希望能够进化到代表着企业家的B象限或代表着投资人的I象限。这两个象限都代表着财务自由和无尽的财富，它们是富人的象限。

E象限和S象限中的人并不是因为不够聪明而不能成为B象限或I象限中的人。实际上，他们往往聪明过头了。正是因为他们总是着眼于小事，他们才被困在了S象限中。S象限中的人往往比其他象限的人更加努力。下面是一些他们着眼于小事的典型例子。

例1：卖命工作，但想法很"小"

我的一个朋友开了一家小餐馆，他有多年开餐馆的经验。每天天不亮，他就到市场上采购新鲜的水果、蔬菜和鸡鸭鱼肉。上午9点，他买好食材回到餐馆，开始为午餐做准备。10点半，两名服务员来到店里，收拾餐桌并准备营业。11点，餐馆开门迎客。午餐高峰期时，他非常忙碌，还要时不时从厨房出来招呼客人。下午2点的时候他才有片刻的休息。在洗好所有餐具之后，他会回家小睡一会儿。下午5点他又回到餐馆去准备晚餐，一直忙到夜里11点他才能上床睡觉，然后第二天天不亮又要准备起床工作了。他每周要像这样工作六天。

他总是抱怨工作时间太长,要缴纳的税太高,菜价不断上涨,政府的规定令人头疼,以及很难招到并留住优秀的员工。最让他难过的是,他的五个孩子没一个人愿意接手他的生意。

他相信他的细致体贴——认真地选择食材、对每一位客人笑脸相迎、店里的白色桌布一尘不染、饭菜可口、价格公道——会让客人成为回头客。他这么想没错。

但是,也正是这种"着眼于小事"的想法让他不得不每天工作很长时间,然而利润却很微薄。他误以为决定成败的小事其实不过是阻碍他发展的小事罢了。

我的这个朋友并不穷。他赚的钱够用,但是他怀疑自己的餐馆能否长久地经营下去并赚到大钱。我知道不可能,除非他能改掉那种"着眼于小事"的想法,思考一些能"决定成败的小事"。

例2:想法"小",公司也越做越小

我还有一个朋友,她曾是一个非常成功的房地产经纪人。2007年房地产市场崩盘的时候,她的公司倒闭了。她没有转变思维模式,而是直接关门大吉。遣散了所有员工后,她选择独自在家工作。

在2010年的一次聚会上,她过来问我:"你最近是不是不做房地产投资了?"

"还做呢,"我笑着回答她,"实际上,今年是行情最好的一年。金和我买了5栋公寓楼,大概一共有1 400间可以出租的房

间，我们还买了一家旅游酒店和五个高尔夫球场，总共用了大约8 700万美元。"

她很惊讶："你们买楼怎么没打电话给我呢？你知道我是做房地产经纪的，我现在还在做这个工作。"

"你怎么没打电话给我呢？"我反问道，"你也知道我还在做房地产投资。"

"我以为房地产市场不景气没人买房子呢，"她喃喃说道，"你怎么贷到款的？首付的钱又是怎么筹到的？"

从她的回答来看，我们之间已经有了很大的差距。对她来说，她的房地产生意还在生存线上苦苦挣扎；而对我而言，我的房地产生意一片欣欣向荣。那天晚上她又做了一次尝试，想和我保持联系，她说："下次你想买房子的时候，打电话给我吧。"

我回答道："还是等你发现好房子的时候，打电话给我吧。"

直到现在，她都没有打电话给我。

例3：陷入困境的专家

我有一个非常聪明的同学选择了学医并成为了一名非常专业的医生。经历了漫长的求学、实习过程后，他最终成为了S象限中的一个专家。

几年前，他得了胃癌，必须停止行医。于是他的生活一夜之间发生了巨变，收入大幅缩水。好在他治好病后又开始行医。可问题是，他身体大不如前，再也不能像以前那样长时间工作了，因此他的收入仍然很低。

他想退休，但如果不给患者看病，他就没有办法赚到足够的钱来支付日常开支。他想把余下的人生都用来工作，但是不知道自己还能活多久。

以上三个创业者都是被困在 S 象限中的典型例子，他们都"着眼于小事"，却没有做好那些真正"决定成败的小事"。

决定成败的小事

"决定成败的小事"在商场中也被称为"竞争优势"。它是创业者所独有的，且能带给企业独一无二的优势。它不仅仅存在于 S 象限中，也存在于 B 象限和 I 象限中。

你可能会说："餐馆老板、房地产经纪人和医生都有一技之长，他们不是在做着自己擅长的小事吗？但为什么他们还是没有成功呢？"

因为他们擅长的小事是他们个人的专长，而不是他们企业的竞争优势。只有将个人做的小事转化为企业做的小事，你才能获得成功。也就是说，除非我的这些朋友能把自己的专长变为企业的竞争优势，否则他们会一直被困在 S 象限中。他们的专长——那些只有他们会做的事情——恰恰是阻碍他们的企业发展壮大的原因。

以下是一些跟"决定成败的小事"有关的例子。

小事1：速达比萨

比萨是美国乃至全世界最受欢迎的食物之一。几乎美国的每一个城市都有比萨店，每个便利店都有冷藏比萨出售。有些地方，只要你打开信箱，就会看到"买一送一"的比萨优惠券。这是一个竞争异常激烈的行业，到处都有竞争者。

几十年前，多米诺比萨（Domino's Pizza）以"三十分钟内送达"的承诺杀出重围。三十分钟内把比萨送到客户手中，这就是决定成败的小事。多米诺比萨很清楚，当人们因为饿了叫比萨外卖时，他们不想等太久。1973年，多米诺比萨用"三十分钟内送达"的承诺重新设计了整个业务。多米诺比萨的事业更加兴旺了。"三十分钟内送达"并不是什么了不起的大事，但是对多米诺比萨而言，这能够决定成败，让整家企业脱颖而出。

不幸的是，这家店在履行自己"三十分钟内送达"的承诺时，发生了两起因送比萨的车辆出现故障而未能兑现承诺的事件。多米诺比萨被起诉，最后赔偿了原告数百万美元，然后从此放弃了这一承诺。但是，当人们想要叫比萨外卖时，尽管多米诺比萨已经不再做出这个承诺，他们"三十分钟内送达"的品牌形象总是第一时间浮现在人们的脑海中。

多米诺比萨的"三十分钟内送达"的承诺正是"决定成败的小事"的典型例子。现在，多米诺比萨在六十多个国家都开设了分店。无论是不是能够"三十分钟内送达"，他们的比萨仍然卖得很好。

小事2：永远低价

在美国，雇员数量最大的企业便是沃尔玛，它用一件消费者都喜欢的小事建立起了自己的商业帝国——低价。沃尔玛的创始人山姆·沃尔顿并不是减价出售商品或是给商品打折，而是持续给消费者提供低价商品。

在他从 S 象限进化到 B 象限之后，他的整个企业都围绕着一个简单的品牌承诺——低价。"低价"是沃尔玛这个巨大而复杂的商业帝国的基石，它致力于以最低的价格向消费者提供最优的产品。沃尔玛的所有运作——仓储、运输、采购和计算机系统——都专注于怎样履行"永远向消费者提供低价商品"的承诺。

自 2007 年全球金融危机爆发以来，很多企业被迫靠降价来吸引消费者。不幸的是，由于很多零售企业并没有提供低价产品的能力，价格战只会让它们惨遭市场淘汰。

世界上不计其数的小型零售企业被迫关门，因为它们没法和沃尔玛、家得宝，以及低成本运营的电商企业（比如亚马逊）竞争。"低价"这件小事成为了决定成败的关键。

其实，B-I 金字塔中的 8 个要素都是关于小事的。企业从成立的第一天起就要带着它的使命上路，这是一切的基础。在山姆·沃尔顿明确沃尔玛的使命就是"给消费者提供尽可能低价的商品"的时候，他就找到了企业的使命，然后整个沃尔玛都为实现这一使命而努力。

当 S 象限中的小企业主降低价格或是打折出售商品时，他们往往会失败，因为他们只是降低了商品的价格，而整个企业的其他部分并没有发生太大变化，B-I 金字塔的其他部分还是做着和以前一样的事情，这是行不通的。一家原先给商品定价较高的企业在价格下降很厉害的时候会难以生存,除非其他各个方面都做出相应调整。

小事3:次日送达

联邦快递(FedEx)刚成立的时候,他们的承诺是"次日送达"。次日送达也是一件决定成败的小事。现在,联邦快递已经是一家市值达几百亿美元的大企业。因业务覆盖全球,联邦快递不得不放弃"次日送达"的承诺。但是,"次日送达"的精神仍然留存在联邦快递的企业使命中。

小事4:让客户拥有非凡体验

麦当劳非常了解人们在有了孩子之后的感觉。对麦当劳来说,让小朋友高兴是一件决定成败的小事。我从来没有在麦当劳看到过一个不高兴的小朋友,更多的是因为孩子高兴而深感欣慰的家长。

每当听到营养学家指责麦当劳的食物对儿童有多么大的危害时,我就知道他们还没有搞明白为什么麦当劳这么受欢迎。人们光顾麦当劳和它的食物好坏没有任何关系。去麦当劳意味着孩子可以高高兴兴地玩,父母可以得到片刻休息。用麦当劳最新的宣传口号来说就是:"我就喜欢。"

透过B-I金字塔模型来看,你会发现麦当劳运营体系的高明之处。当一个人走进一家麦当劳并对柜台服务员说"我要一份巨无霸套餐"时,整个B-I金字塔就开始高效运转起来。很快,汉堡、薯条和可乐（B-I金字塔中的产品）就端上柜台了。客人等待的时间不超过五分钟。要知道，麦当劳的各种食材和包装都是从世界各地的原产地运来的。如果这都不算奇迹，我不知道什么才算奇迹。更重要的是，这种精确和高效在全世界的每一家麦当劳都能得到复制。这就是B-I金字塔能量的体现。

实际上，如果你想了解B-I金字塔的能量，你只需走进离你最近的一家麦当劳，并在那里坐上一个小时。你可以想象一下，麦当劳在全球有数以百万计的员工，正是他们让B-I金字塔高效运转。他们给客人提供客人想要的东西，还让孩子们高兴，使家长们倍感轻松。而这一切都在五分钟之内完成，全世界都是如此。单凭一个S象限中的人是不可能做到这一点的，这需要数以百万计的人的共同努力。

唐纳德应该也会同意我的观点。他的企业之所以能成功，让客户拥有非凡体验起着关键作用。当人们入住他的酒店，购买他的商品，或是在他的高尔夫球场打球时，客户购买的实际上是一种体验，一种过上了成功人士的生活的感觉。这就是唐纳德的品牌，这就是他的承诺。这也是他做的一件能决定成败的小事。

小事5：简单又有趣

对我的富爸爸公司而言，决定成败的小事就是我们让财商教育变得既简单又有趣。很多人一听到金钱、财务甚至数字就会大呼头痛。我们的大多数竞争对手都严肃而又无趣。他们就像独裁者，冲着客户大声说："注销你的信用卡！你得存钱，必须量入为出。"他们把客户当成小孩，教训他们应该做什么，而并没有试着教会他们一些理财方面的知识。

他们总说"必须量入为出"。说起来简单，但有谁愿意紧巴巴地过日子？我就不想。在我看来，"量入为出"会毁了你的斗志。我相信大多数人和我一样，都希望广开财路，而不是量入为出。

在金融危机之后，很多人发现了我的那些竞争对手提供的理财建议大错特错。听从他们建议的人不但没有致富，反而蒙受了巨大损失。现在，他们又开始告诉人们如何从危机中恢复，以及现在应该做什么。我不知道他们的建议中能"决定成败的小事"是什么，但是我知道我自己的——财商教育应该简单又有趣。

唐纳德和我在2006年合作出版了我们的第一本书——《让你赚大钱》。之所以出版这本书，是因为我们都发现了一个潜在的问题：中产阶级正在消失。我们希望人们过上富裕的生活，不想看到大家贫穷一生。当中产阶级消失，你只有两条路可走：要么成为富人，要么沦落为穷人。我们希望你成为富人。这也是为什么这本书非常重要的原因。我们用通俗易懂的语言告诉你怎样创立一家点石成金的企业，以避免惨遭和我的朋友——餐馆老板、房地产经纪人和医生——一样的命运。

小事6：快乐地学习

9岁时，我的富爸爸就开始通过《大富翁》游戏教他的儿子和我有关金钱方面的知识。换句话说，富爸爸让学习过程充满乐趣、挑战和吸引力。现在，我成为了一个富人，原因之一就是我在幼年玩《大富翁》游戏时得到了快乐。

1984年，我决定不再做尼龙钱包生意，而是去做一个通过理财游戏教育他人从商、投资和创业的教育家。金和我投入了十年的时间和精力，现在，我们在通过游戏教育人们理财方面已经得心应手。

1996年，在出版《富爸爸穷爸爸》之前，我们推出了《现金流101》游戏。现在，这个游戏流行于全世界，已发行15种不同语言的版本。

这个游戏大获成功的原因就是人们在玩金钱游戏的同时学到了财务知识。在玩了这个游戏之后，很多人选择继续学习他们感兴趣的财务知识。

现在，我们推出了《现金流101》的在线游戏版本，还推出了升级后的《现金流202》，以及儿童版的《现金流》游戏。我们用游戏将一个复杂又无趣的课题变得简单又有趣。快乐地学习就是一件决定我的富爸爸公司成败的小事。

从军校学到的两个教训

你可能已经知道，唐纳德和我都曾在军校就读过。他读的是纽约军校（New York Military Academy），而我读的是美国商船学院（U.S.Merchant Marine Academy），这所学校也在纽约。我认为军校的经历给了我们在商业社会中的独特优势。

和传统学校不同，军校对使命、领导力、团队合作、勇气、注意力和纪律有着非同一般的重视。从军校学到的以下两个教训对我从商有很大的帮助。

教训1：战术和战略的差异

战术是指你要做的事情。简单来说，一个领导者必须确定一个团队或组织的战术和目标。所有的战略都是为确保战术和目标的实现而服务的。当企业有太多战术或太多目标的时候就会开始走向失败。

公司的所有战略——广告战略、法律战略、会计战略和产品开发战略——都是包含在B-I金字塔之中的。它们必须为一个战术服务，这个战术就是企业的重心。以多米诺比萨为例，这家企业的一切运作都是以"三十分钟内送达"这个战术为重心的。它也是这家企业对顾客的承诺。

当战略变得比战术还重要时，企业就会出现问题。

我看到过很多类似事情的发生。律师可能会认为法律文件比客户还重要，人事部门的人可能会雇用有一大堆资格证书却并不适合企业的员工，有时财务部门以避免出错为理由拒绝升级交易系统而降低交易的速度。

一旦战略出错，对其进行修正则会耗费非常多的时间、金钱和精力，这也一定会对战术这个核心造成不良影响。

教训2："分而治之"的思路会毁掉一个企业家

我们大多数人都很熟悉"分而治之"这个词。这是传统教育系统的基础。从孩子们去学校读书开始，传统教育系统就把他们分为聪明的、普通的和较差的三种学生。这一分类是为孩子们将来在 E 象限和 S 象限中的生活做准备。

在 E 象限和 S 象限中，人们的生活就是拼命找工作、升职和加薪。这种分类教育导致很多 E 象限和 S 象限中的人不能进入 B 象限和 I 象限，因为在后面两个象限中，统领一个组织的能力是必要而且重要的。

从进入军校的那一刻起，军校的学生们学习的是使命的重要性、团队合作的技能和领导力的精髓。这正是 B-I 金字塔外围的内容。

军校经常这样教育学生："团结一致争取胜利，化整为零各个击破。"军校学生首先学习团队合作的技能，然后整个团队团结一心，把目标化整为零然后各个击破。

然而，在传统学校，学生并没有接受太多有关团队合作方面的教育，因为学校只有"分而治之"的思路。学校培养学生和自己的同学竞争，竞争考试分数、班级排名和进入名牌大学的机会。离开学校后，他们还要为工作、升职和加薪竞争。

这也就是为什么大多数人被困在了 E 象限和 S 象限中的原因。企业家一定要有领导力——团结他人的能力。它对商场上的领袖而言至关重要。S 象限中的小企业主苦苦挣扎的另外一个原因就是他们往往要和一个由团队运作的组织竞争。比如，一家小的零售店店主和沃尔玛这样的大型超市竞争，日子必定过得艰难。

如何获得优势

如果你在商业社会中缺乏优势，那就很难把生意做大。优势应该是一些能够决定成败的小事。以下是一些给了我优势并帮助我习得点金术的小事，相信它们对你也同样有用。

获得领导力

美国商船学院从学生进入学校的第一天起就教育学生要成为领袖。在海军陆战队当飞行员的经历也是对我的领导力的一种培养。

即使你没有读过军事院校，你仍然可以从工作和生活中学到有关领导力的技能。这一技能的获得是一个长期、艰难的过程，你每天都会受到很多挑战。逃避领导责任的人不可能成为点石成金的企业家。要想从S象限进化到B象限或I象限，你必须具备领导力。

学习销售和投资

1973年从越南回来后，我决定跟随富爸爸而不是穷爸爸的脚步。我和海军陆战队续签了一年的合同，因为富爸爸建议我为进入S象限、B象限或I象限做准备。

我没有听从穷爸爸提出的回到学校读研究生的建议。富爸爸给我指出了一条完全不同的教育道路，因为B象限和I象限所要求的技能并不是传统学校能教给我的。他建议我在离开海军陆战队之前就开始学习销售方面的知识并投资房地产。理由如下：

第一，创业者必须能向客户、员工、投资人销售自己的产品或服务。如果创业者不会做销售，企业就会面临财务困境。

第二，房地产投资者必须知道如何从借贷中获利。这是为进入I象限所做的准备。

1973年，我做了人生中的第一笔房地产投资。1974年，我离开了海军陆战队并加入了施乐公司，开始学习如何做销售。我在施乐公司工作了四年，在成为排名第一的销售员之后离开了。这两个方面的教育让我成为了亿万富翁。这是在传统学校里学不到的教育。

请一个教练

对我而言，人生中最重要的三件事情就是健康、财富和快乐。实际上，我为每件事情都请了一位教练。我知道请教练并不便宜，尤其是在预算有限的情况下。但是，如果你想成为一个真正的创业者，你不能让"缺钱"成为阻碍你成功的绊脚石。从今天起，不要再说"我请不起教练"，而是开动脑筋，找到一个负担得起这笔费用的方法。如果我也因为"请不起教练"的想法而停住了脚步，我现在可能会一贫如洗、疾病缠身并且愁眉不展。

不要为钱工作

我知道这对大多数人来说都很难理解，但这的确是获得巨额财富的秘密。如果你读过《富爸爸穷爸爸》，你就能回想起富爸爸的第一课就是：富人并不为钱工作。为什么那么多 E 象限和 S 象限中的人为钱所困？原因就是他们为钱工作。你可能会问："如果我不为钱工作，那我为什么而工作？我拿什么来养活自己？"问得好，下面就是答案。

B 象限和 I 象限中的人之所以能赚那么多钱，是因为他们为建造、购买或获得资产而工作。下面的财务报表解释了这两种人之间的差异。

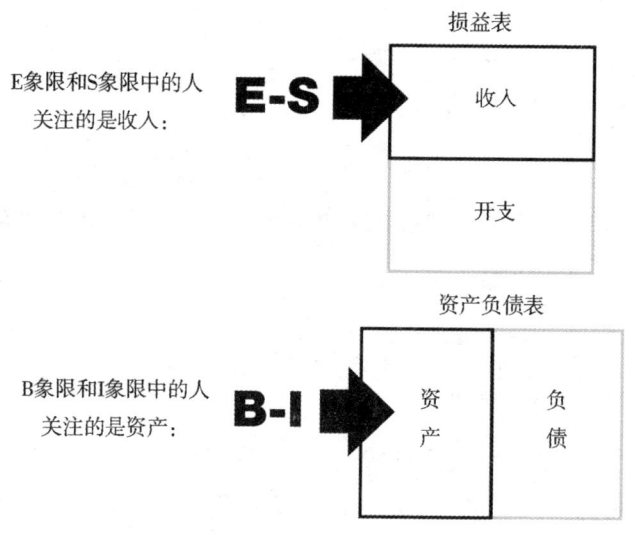

图7 不同象限中的人所关注的财务报表

资产包括企业、品牌、专利、商标、房地产、股票和大宗商品。为资产工作，而不是为钱工作，这是一件对创业者而言"决定成败的小事"。它会带给你优势，无论你是否工作，你的资产都会给你带来回报，这就是积累财富的方法。为钱工作意味着你必须每个小时都要为工资而工作，这可不是能够积累起财富的方法。

你必须掌握的技能

在本书中，我多次提到现金流象限图。每个象限都要求你具备不同的技能以获得成功。为了在E象限中脱颖而出，你需要掌握多项技能并拥有爬上企业阶梯的能力。

但是，如果你想成为一个创业者，想要在S象限、B象限或I象限中获得成功，你就需要掌握下面这些技能。否则，你和你的企业可能永远也得不到发展。

- **S象限所需的技能**：声称自己讨厌销售或是不能做好销售的创业者必将失败，创业者必须拥有销售的能力。
- **B象限所需的技能**：创业者必须学会如何扩张他们的企业。比如，麦当劳通过开连锁店得以扩张，富爸爸公司通过许可证授权实现扩张。
- **I象限所需的技能**：创业者必须知道如何筹措资金。真正的创业者从来都不会说"我负担不起"或"我没有这么多钱"。当一个房地产投资者通过向银行借钱来投资房产时，他就是在筹措资金。

当创业者在S象限学习销售、在B象限壮大企业、在I象限筹措资金时，他们就进入了一个仅属于少数人的世界。如果你真心想成为一个创业者，那就去参加销售培训，寻求能扩张企业的方法，然后学习如何使用借贷来投资你的事业。

不要只做你想做的事情

不要只做你想做的事情，这是你必须注意的一点，同时，这也是我从自己犯过的错误中得出的教训。很多创业者遭遇失败，就是因为他们只做自己想做的事情。天马行空的生活的确很吸引人，但不幸的是，S象限、B象限和I象限都要求创业者遵守规则。只做自己想做的事情往往会让你陷入财务困境，甚至导致企业破产。

实际上，S象限所要求的自律程度比E象限所要求的自律程度更高。当你成为老板后，一套全新的法律系统（比如劳动法、税法和环境保护法）就会开始影响你的生活。

B象限要求的自律程度高于S象限。要想在B象限获得成功，你需要对企业的各个方面投入更多的精力，比如运营、财务、员工管理、销售、法律和薪酬等方面。你还需要聘请更富才干、薪资更高的员工以实现企业的扩张。

而I象限要求的自律程度最高。在你筹措资金时，政府机构（比如美国证监会）会要求你遵守更多的规定。很多锒铛入狱的创业者都是因为他们违反了I象限中的法律。

换句话说，如果你只是想随心所欲做一些自己想做的事情，你最好不要把企业做得太大。

在学习中成长

要成为一个创业者你要学习很多东西。否则,最好还是继续在 E 象限中做一个雇员或是待在 S 象限中就好。

我有一个当厨师的朋友,她在加利福利亚州开了一家餐饮公司。她工作非常努力,有 8 个忠诚的员工。她在 S 象限中有一笔很不错的收入。问题是,她学过的课程只有烹饪课。她总是和其他厨师比赛怎样赢得客人的胃,抓住客人的心,而对学习商业知识全无兴趣。她打算一生都从事自己热爱的工作,继续待在 S 象限中小打小闹。

简单来说,她只是做着一个厨师应该做的事情,并没有做一个创业者必须做的事情。

如果你想通过创业成为一名企业家,"活到老,学到老"就是一件"决定成败的事"。在商业社会中,做需要做的事情的人才能成为赢家,而那些随心所欲地做着自己喜欢做的事情的人则很难打造一家成功的企业。

做需要做的事情,即使你不想做,这可能意味着你要学习自己不喜欢的科目。但是,你不需要成为专家。你只要掌握这个领域的关键点就够了。

如果你执着于获得商场中的点金术,我建议你学习以下内容。

销售培训

现在市面上有很多关于销售的课程,它们只是讲解简单的销售技术，而创业者所需要的却是销售技术之外的东西。其实有很多人已经开始创办提供实战销售培训的网络营销公司，并获得了成功。

基本的商业法律

你需要了解基本的法律知识，以及它们是如何影响你的企业的。学习有关知识产权、劳资关系、环境保护、税务和合同方面的法律，你会发现它们非常有用，能帮你节省很多金钱和时间。但是，这并不意味着你就不需要请律师或者法律顾问了，专业的法律服务是必不可少的。

基本的会计知识

千万不要忽视损益表和资产负债表的重要性。基本的会计知识不仅会教你如何迈出正确的第一步，还能让你在初次运营企业时将事情安排得井井有条。但我再次强调，你还是需要聘请一名会计师。

营销和广告

在你花钱进行市场营销和广告推广之前，尽可能学习有关这两个方面的知识。学习途径有很多——去培训班、看书或在网上搜索相关资源。

IT 知识

主动学习有关 IT 方面的课程并关注其最新进展。这一领域的知识每天都在发生变化。要跟上变化的速度，你就需要每天阅读相关资讯。

交际能力

加入一些组织和社团，练习社交技能。你要具有与不同性格和拥有不同商业技能的人打交道的能力。

技术投资

参与有关技术投资方面的培训，比如期货交易方面的课程。一位创业者必须学会如何在即将兴旺或即将衰退的市场中赚到钱。认为市场永远保持增长的想法是天真的。

记住，学习这些知识并不是说你要在这些科目上成为优等生。你只需要了解这些知识和企业有什么相互关系就够了。你不需要一下子去上全部课程，你只需要每天花一点时间持续不断地学习。"活到老，学到老"是一件能让你与众不同的小事。我们都知道，有些人总是说要好好学习，但是很少有人能坚持下来。坚持，是最重要的一件小事。记住，创业方面的知识和你在学校学到的知识没有很大关系。成功永远属于那些不断学习的创业者。

关于慷慨

想要在 B 象限或 I 象限中成为富人，你得具备 E 象限和 S 象限中的人所欠缺的慷慨之心。B 象限或 I 象限的人必须慷慨大方才能获得成功，而 E 象限和 S 象限的人则不需要。要成为 B 象限中的企业家，你必须在自己富裕之前帮助很多人致富。

为了在 I 象限致富，你必须乐于与投资人分享财富。

如果你并不是一个慷慨大方的人，你可能需要从现在开始学着大方。如果想获得点石成金的能力，你必须愿意让他人致富并和他人分享你的劳动成果。

篇后语

如果之前知道我要学很多东西，我可能永远不会去创业。毕竟当员工要简单得多。但是，到目前为止成为一个创业者是我经历过的最好的教育计划，而且我还在继续学习之中。

值得吗？尽管这个过程非常艰苦而且还将持续下去，但对我来说，完全值得！创业经历给了我以下这些东西。

无限的财富

尽管开始的时候很艰难，但现在金和我已经有了足以让我们自由生活的金钱。

走遍全球的自由

作为一个跨国企业家,我有在全球任何地方做生意的自由。

了不起的朋友

如果我没有成为一个企业家,我就没机会认识那么多了不起的人,比如唐纳德·特朗普、史蒂夫·福布斯和奥普拉·温弗瑞。

心灵的平静

和一直担心缺钱或失业的穷爸爸不同,我不再是金钱的奴隶。

富爸爸常说:"如果你给世界上的某个人100万美元,然后告诉他必须在一年内花光,他肯定能做到。但是如果你问他,白手起家的话,你能在一年内赚到100万美元吗?估计很少有人能做得到,而能做到的只有企业家。"

这个世界需要能够创造财富并在创造财富的同时解决我们所面临的挑战的人。这就是创业者的追求。真正的创业者不会为了赚钱而创业,他们有着更高的追求。当他们获得财富时,和财富一起到来的自由能让他们继续前进,朝着下一阶段的冒险进发。

如果有一天我损失了所有的钱,我知道我有能力再把钱赚回来并继续完成我的使命。对我而言,具有这种能力非同小可。

我希望你也具有同样的能力。

奢华与细节

唐纳德·特朗普

当特朗普大楼快要完工的时候，我还没想好给它取什么名字。我对朋友说，我打算给它定名为"蒂芙尼大楼"，因为它旁边就是著名的蒂芙尼公司。他问我为什么要用别人的名字而不是自己的名字，我这才恍然大悟。正好我自己的名字和"大楼"押韵，最终我把它命名为"特朗普大楼"。这件小事，一件小得不能再小的小事，随着我的名字的广为人知变成了一件大事。这就是"Trump"品牌的开始。

我的企业之所以能成为一个知名品牌，是因为我从特朗普大楼开始就不断提升企业的认知度。实际上，我总是通过自己的名字和地标建筑给企业做广告。无论活动的规模有多大，无论你采取什么样的形式，公开宣传的力量都不能被低估。当特朗普大楼开业时，大楼的每一处都透露出奢侈的味道，这栋大楼成为了奢侈的象征。最终，宣传也给我们的企业带来了名声，并让Trump集团成为了金钱、权力和奢侈的代名词。你会发现你的言行会影响企业的品牌，因此在进行宣传时一定要仔细、谨慎。

小事可能是大事

对于如何做好那些能决定企业成败的小事,清崎说的完全正确。对"Trump"这个品牌来说,决定成败的小事就是满足人们对更好生活的渴望——拥有名誉、权力和明星般的地位。我们通过建筑和印有我名字的产品给人们提供明星般的生活体验。这件小事对我和企业来说是一件非常重要的大事。也正是人们的这一看似很小的渴望成为了Trump集团成功的基础。对于可能决定企业成败的小事,你注意到了吗?

当清崎说到"着眼于小事"时,我不禁笑了起来,因为我是以"着眼于大事"而闻名的。我从来没有被人说过是"着眼于小事"的人。对我来说,做大事很好,但是我也因为注重细节而闻名。大事由无数个细节构成。实际上,为了谨慎起见,你必须意识到世界上并没有小事。每一件事情都有着它的作用和影响,尤其是在你打造企业品牌的时候。就像一句老话说的那样:"一条小裂缝可能会让一条大船沉没。"清崎说如果他失去了所有的钱,他相信自己能把它们再赚回来。这代表了他的能力。他之所以有这样的能力,是因为他受过良好的财务和金融方面的教育而且有着丰富的商场实战经验。

我了解清崎的这种感觉,因为我曾在20世纪90年代初期遭遇了财务困境,而现在我走出来了。我比之前要成功得多,因为在摆脱困境的过程中我学到了很多东西。我不想再经历类似的事情,但是我知道这种事情有它发生的意义。

我的首席财务官埃伦·维斯伯格和我共事了三十多年,他建议我"每天都像经济环境很差的时候那样去工作"。这是很好的预防措施。

大事就是大事

当思考大事的时候，你会很自然地考虑很多细节问题，因为细节是成就任何大事的关键。

用建筑学的术语来说，"蓝图"是你在开始创业时首先要考虑的一件大事。这份蓝图是否规模太小？还能扩张吗？如果蓝图画得大一些会不会为未来节省时间？很多年前我曾说过："如果你要计划做点事情，最好立意要高，要做就做大事。"我的目标是建造摩天大楼，在这种情况下我必须着眼于大事。

清崎说"决定成败的小事"和"着眼于小事"有很大的区别，他是对的。当我在修建特朗普大楼时，我的父亲不能理解为什么我想用玻璃而不是他觉得既结实又便宜的砖头。我的目标是修建一栋耀眼的大楼，而玻璃正是一个能让大楼与众不同、气派非凡的细节。特朗普大楼在完工后大获好评，父亲也因此被打动并感到无比自豪。我的选择是正确的，尽管他当时不相信玻璃会比砖头更好。我坚持自己的意见，心里打定主意不会改变。我就是要建造曼哈顿最好的建筑。

就像多米诺比萨知道人们想尽快吃到比萨一样，我也知道有些人总是希望被奢侈的环境包围并得到高品质的服务。我确信，只要注意小事、细节，Trump集团就能满足他们的需求。

每一幅宏伟的蓝图都是由众多很小的细节构成。每一个交响乐团都需要由很多乐器和差别非常细微的细节来弹奏出美妙的音乐。当着眼于大事时，我决不会放过每一个细节。在我修建的每一栋大楼完工后，我都会爬上这栋楼的顶层去感受它。当然，我也是在检查楼梯和其他每项工作的完成情况，因为每一件事情都很重要——无论是看得见的还是看不见的。这样做还让我和我的保镖都得到了锻炼，保持了身材。

特朗普酒店集团获得了相当大的成功。纽约特朗普国际大酒店获得了美孚五星奖，芝加哥特朗普国际大酒店则被《旅游与休闲》杂志评为美国及加拿大地区最佳酒店。我们在纽约SOHO商业区的特朗普SOHO酒店也被《旅游与休闲》杂志评为新开张酒店中的最佳酒店之一，它是纽约唯一上榜的酒店。

是什么让我们的酒店获得这么多殊荣呢？是我们对奢侈的承诺和对无数件决定成败的小事的重视。这意味着我们要对客户提供全方位的贴心服务。没有哪一处细节是小到可以忽略的，因此，我们获得了很多的荣誉。是的，酒店很大，但我们为客户提供的个性化服务能让他们感觉到我们就在他们身边。我们意识到客户希望得到高水准的服务，而这正是我们提供给他们的。当再次来到酒店的时候，他们往往会因为我们还记得他们而感到惊喜。我们有我们信奉和遵守的黄金守则，我们用心对待客户，记住他们的每一个特殊要求，让他们感到自己是独一无二的。对我们来说，没有一件小事是可以忽略不计的。

人们总是对我亲自签发支票感到意外。每周我都要签发很多支票，我想知道钱花到了哪里。这是一件很重要的小事。

曾经有一个成本很高的项目需要我跟进，我觉得其中一笔费用过高。所以就没有同意支付这笔费用。我非常生气地对这个项目的负责人说："从现在开始，涉及这个项目的每一张支票都由我亲自签发。"等到这个项目结束时，我发现成本比之前的预算下降了15%。现在，企业的每笔开支我都亲自过目。

书和摩天大楼都是大事

考虑到我的项目如此之多，人们有时候会问我为什么还要花时间写书。我并不认为写书是一件用来消遣的小事。和清崎一样，我也重视教育。我通过写书来分享我的经验。可能很多人并不想和别人分享他们的知识。写书需要一定程度的自信，而清崎和我已经有了读者想要了解的故事，他们想要了解我们如何思考、如何工作。我不介意与别人分享我的成功秘诀，因为我知道我会继续工作、继续成功。书本是教育工具，和高尔夫球场、摩天大楼相比，它们可能略显渺小，但是它们具有很大的能量。

我的第一本书《交易的艺术》就是一个很好的例子，它于1987年出版，影响了马克·伯内特、清崎和金等人。马克读这本书的时候还在加利福尼亚的威尼斯海滩卖T恤。清崎和金看这本书的时候还在商场挣扎，因为他们的公司刚刚开张。大家都说这本书对他们有很大的启发，并帮助他们走向了成功。

2008年的秋天，一个加拿大人给我寄了一份当地的报纸。报纸上有一张照片，照片上是一个流浪汉正在读一本书，他身边放着他可怜的所有家当，而他手里的那本书就是《交易的艺术》。看到这张照片后，我决定帮助他。

我让人转告这个流浪汉我已经知道了他的情况，一开始他并不相信，还开玩笑说我给他的支票是不是已经在路上了。虽然他不相信我会给他寄支票，但我确实寄了。当他收到支票的时候说："我这辈子头一回无话可说。平时我的话很多，但是今天，这件事真的让我感动得不知道说什么好。"

我让人带给这个流浪汉的话是："代我向他问好，无论如何要努力工作。我知道生活并不容易。"

寄给他一张支票只是我的一点心意，但是小事情会有大意义，也能起到关键作用。

我还有一个关于小事情的例子。一个星期天的晚上，在看时事节目《60分钟》时，我看到了一则关于美泰克（Maytag）公司把他们的工厂从爱荷华州的牛顿市搬到墨西哥的新闻。这次搬迁对牛顿市的经济造成了巨大的打击。

新闻中共采访了三个人，每个人都以自己的方式打动了我。第一个人是一个老兵，第二个人开了一家零售店，第三个人经营着一家广告公司。我被他们的乐观和坚强所打动。我决定帮助他们，我给他们中的前两个人寄去了支票，第一张支票用于支付老兵女儿的大学学费，第二张支票用于弥补零售店的资金不足。对于第三个人，我则给他提供了一点可以持续发展的事业，我请他为我的企业做广告。这只是我的一份小心意，但是对于正处在艰难时期的他们来说，这让他们看到了未来的希望。

办公室里的故事

人们到我的办公室参观的时候，经常会听到我在电话里为椅子、台灯、镜子和吊灯这样的东西讨价还价，他们为此感到非常吃惊。在我经手的生意里，我知道所有东西的价格及其供应商，以及有关交易的种种细节。有时候，我的办公室会同时放有 20 面镜子，因为我正在决定哪些最适合放在我的某个高尔夫球俱乐部里。在其他时候，你可能会看到很多不同的椅子或吊灯。我对装饰和物品摆设非常挑剔，因此，我要对它们的格调、定价和外观了如指掌。

我的财务主管杰弗里·麦康利在加入 Trump 集团不久就碰到了一次很大的教训。那时，他和我大概一起共事了 6 个月的时间，每个星期他都会来见我并向我汇报现金的收支情况及其他财务状况。有一次他告诉我，和上周相比我们多花了很多钱。刚好这个时候电话响了，我接通了电话。在我拿起电话的时候，我对他说："你被解雇了。"虽然打完那通电话后我又重新雇用了他，但我的意思已经表达得很明确。这是对他的一个提醒。这些钱是我的钱，而保护这些钱就是他的工作。他现在已经为我工作了 25 年了。

《飞黄腾达》背后的故事

人们可能以为我每周只需在《飞黄腾达》的拍摄现场露个面就可以了。实际上，每期节目都有很多具体工作要做，而我则要全程参与其中。每一期的准备工作极其复杂，这需要制片人和我做很多协调工作。我要监督每一件事情，从拍摄到市场营销到演职员表，再到试镜。前期的准备工作和演员的遴选需要数月的时间。在开拍之前两个月我们就开始节目的准备工作，而后期制作会一直持续到最后一期放映结束。

在拍摄过程中经常会出现一些意外情况。有一天早上6点，我接到一个紧急电话，一位演职人员被发现作弊。还有一次，我们在演播室连续工作了五个小时，但是在那一期节目中相关内容被剪得一分钟不剩。有一天我戴着黑领带来到演播室，因为我在拍摄结束之后马上要出席一个正式活动。这些年来我已经学会了如何分身工作，比如在参与节目的空隙参加商业会议。由于很多录制工作都是在特朗普大楼（我的办公室所在地）进行，所以我可以一边录制节目一边打理我的生意。有时候录制人员直接在我的办公室拍摄。现在，我的员工都已经习惯了录制人员的出现，节目录制成了办公室的常见景象。

为自己摇旗呐喊

当洛杉矶特朗普国家高尔夫球场建成时，由于它面对着太平洋，我决定在球场的建筑物上插上美国国旗。我认为这是最适合我们的旗帜，但是球场所在的社区却不这么认为。他们说这旗帜太大了。"是相对什么而言太大了？"我回复道，"门口可是太平洋啊，还能大过它吗？"最终，每个人都同意了我的意见。现在，国旗正在这些建筑物上骄傲地迎风飘扬。

我们已经讨论了大事和小事，你会发现，"大"和"小"是相对的。一方面，每个细节都很重要；但是另一方面，我们也会考虑防备大灾难，比如战争、地震、海啸和恐怖袭击等。在建筑球场的过程中，我们的考虑是周全的，我们的智商足够分辨"大"和"小"之间的区别。

说说细节

房地产开发商必须具备选址的眼光。记得当年我对纽约市的一块土地有开发意向，后来那里建起了贾维茨会展中心（Javitz Convention Center）。我为这个会展中心的开发提过意见，如果由我来开发这个项目的话，成本大概能控制在1.1亿美元。最后这个项目花费了7.5亿~10亿美元。

说说细节吧。我曾提出以成本价参与投标，但是被拒绝了，这对纽约和这个城市的游客来说是一个巨大的损失。一方面，如此高的造价是荒唐的；而另一方面，这个中心的选址更加让人目瞪口呆。贾维茨会展中心应该是曼哈顿最杰出的建筑之一，因为它所在的地方正好位于河边，有着无与伦比的江景。但是，他们建造出来的贾维茨会展中心居然面对大街，而不是对着河流！设计这个建筑的人明显没有考虑清楚或者根本就没有认真思考过。他们怎么会忽视这么明显的优势呢？最后的结果让人难以置信。

特朗普大楼是一个让细节发挥优势的典型例子。通过以我的名字命名，它现在成为了纽约的地标性建筑。作为一个企业家，我建立起了自己的品牌，而命名这一细节对我后来的成功起了关键作用。实际上，一位记者曾经对我说，你已经成为了一个品牌，但是你好像并不为之感到困扰。为什么要困扰？我的品牌是最好的品牌，为什么成为最好的品牌会让我感到困扰？

作为一个创业者，你必须对自己坦诚。你必须相信自己和你的产品。要有自信，努力工作并专注于决定成败的小事，同时头脑里要有清晰的蓝图。这些话对我和清崎都起了很大的作用。我相信对你也会如此。

精　粹

问问自己："我有什么事情做得比其他人更好？"这是一个很重要的问题，因为对你的企业而言，那些事情就是"决定成败的小事"。下面我们将给出一些例子来予以说明。尽管有很多小公司将一些"小细节"转化成了"大优势"，但大公司的例子与我们要讲的内容更有相关性。

以下就是一些大公司做到的"决定成败的小事"。

沃尔玛的小事

你可能已经知道，沃尔玛的创始人山姆·沃尔顿凭借一件他比其他人做得更出色的事情——低价建立了沃尔玛帝国。1962年，山姆·沃尔顿在阿肯色州成立了一家折扣店，现在，他拥有一个全球性的零售业帝国。近20年来，沃尔玛的口号就是"永远低价"。2007年9月12日，他们把口号换成了："省得更多，过得更好。"不同的口号，一样的理念。

多米诺比萨的小事

清崎在前面谈到了一件在比萨业引发风暴的小事。20世纪60年代，那是一个比萨店遍地开花的时代，汤姆·莫纳甘以首付75美元、月供500美元的价格盘下了多米诺比萨店——一家位于密歇根州的小比萨店。在对比萨行业有了一定的了解之后，他就靠着一句承诺建立起了自己的企业："比萨三十分钟之内送达，否则免费。"他们的广告宣传语一度是："仅需拨打电话就能享受美味。三十分钟内送到，迟到不收钱。多米诺比萨到了！"比萨行业因此改变了数十年。

玫琳凯的小事

玫琳凯·艾施女士创立玫琳凯化妆品直销事业的初衷是赋予女性力量。她曾说："我一生的目标就是帮助女性了解自己有多么优秀。"

尽管她是一位单身妈妈，玫琳凯仍然完成了学业。起初，她在美国一家公司工作得还算顺利，但是后来她对企业把女性拒之门外的态度感到失望。

20世纪60年代，玫琳凯和儿子用5 000美元的积蓄成立了玫琳凯化妆品公司。到2001年，她在全世界的直销员已经多达47.5万名，公司的年销售额超过20亿美元。

由于给自己最优秀的员工奖励粉红色凯迪拉克，她也成了凯迪拉克汽车公司最大的企业买主，单单在1997年她就送出了

8 000辆粉红色凯迪拉克。她频繁出现于电视节目和各类杂志封面，获得了数不清的荣誉。她被《福布斯》杂志选入美国国家商业名人堂，被贝勒大学称为"史上最伟大的女性企业家"。她还获得了著名的"白手起家奖"。作为一个拥有虔诚信仰的人，她说道："上帝没有时间创造小人物，只有时间创造大人物。我认为每个人都具备上帝赋予的天赋，我们要做的就是把它发掘出来。"她做的小事就是赋予女性力量。

Facebook的小事

马克·扎克伯格于2004年在哈佛大学的宿舍创立了Facebook。读高中时，马克就发明了一个被他称之为"扎克网"的信息系统，这让他父亲的牙医诊所和家里实现了联网。他的兴趣是：创造能将人们联系起来并能让人们自由分享人生中重要时刻的网站。尽管现在对马克本人和Facebook的起源有很多争议，他和他的企业确实将人们联系了起来，并共同分享一些重要的事情。在将人们联系起来这一件小事上，他做得比其他任何人都好。

读着这些世界知名企业的故事，你会发现，每家企业都是从S象限起步的。在创建企业之后，企业家夜以继日地工作直到他们找到了"决定成败的小事"。然后他们在B象限中建立起企业帝国。一旦他们到了B象限，I象限的职业投资人就会蜂拥而至，希望给他们投资。

贪婪与慷慨

正如玫琳凯女士说的那样，我们每个人都有上帝赋予的天赋。每个创业者都应该扪心自问："我的天赋是什么？我能给这个世界带来什么？"用你的天赋让这个世界变得更好，这要比创建一家企业、赚钱或过上富人的生活更重要、更有意义。

和多数人的想法刚好相反，有钱人并不贪婪。如果你想成为一个富人，你必须慷慨大方、回报他人并分享你的天赋。成功的企业家会给员工带去财富，为全社会创造就业机会。

有一句老话说得好："送人玫瑰，手有余香。"可是很多人并不富裕，因此他们的索取大于付出。大多数E象限中的雇员总是喜欢问："你会付我多少钱？我能享受什么福利？加班会有多少加班费？带薪年假有多少天？在养老保险方面公司会为我承担多少？休病事假时的工资怎么算？

一个S象限中的专业人士可能会说："我的收费是每小时150美元外加差旅费。我周末不加班，也不提供上门服务。如果工作时间超出约定时长，我要追加收费。我不能一个月都为你一个人服务，因为我非常忙。"

这就是人们在为钱工作时会发生的事情，他们并不是为了服务大众而工作，而是为了金钱。这两种思维方式存在着巨大的鸿沟，一个注重得到，一个看重付出。

你必须做的小事

在考虑如何进入 B 象限或 I 象限之前，你先问自己几个问题：

- 你是一个慷慨大方的人吗？
- 你能否让这个世界变得更好？
- 你是否有在 B 象限或 I 象限中创建企业的决心和动力？
- 你愿意让其他人致富吗？

如果以上问题的回答都是"是"，你已经具备了成为一名伟大企业家所需要的基本特质。如果你已经有了在 B 象限中创建企业的决心和动力，以下是一些你必须做的"小事"。

第一件"小事"：在商场上要"活到老，学到老"

很多小企业生存艰难或是破产倒闭，主要原因在于创业者并不是真正对商业感兴趣。相反，他们只对自己所擅长的领域感兴趣。还记得那个对烧菜而不是对公司运营感兴趣的餐馆老板吗？这正是我们现在要谈到的。唐纳德对他的项目很感兴趣，但是他也对自己的整个企业感兴趣。清崎也是这样。

很多 S 象限中的创业者出身于技术人员而不是生意人。举例来说，医生是受过良好训练的技术人员。他们可能会开私人诊所，但其主要关注点不是运营诊所，而是为病人看病。人们希望医生阅读医学期刊，而不是商业杂志。很多医生会定期参加医学会议，了解最新的诊疗方法和技术，但很少有医生会参加商业会议或投资论坛。

"活到老，学到老"意味着创业者必须和其他企业家交流，相互学习并借鉴彼此的经验。EO（创业者组织）是一个与其他创业者相互交流学习的好地方。作为跨国组织，它在全世界很多城市都设有分支机构。加入 EO 的会员可定期学习有关创业的教育课程。通过"峰会"计划，创业者每个月分小组碰头，分享商业经验、探讨对一些问题的看法。他们一起解决问题，推动企业向前发展。EO 中有无数的创业者从 S 象限进化到了 B 象限，获得了商业上的成功。

创业者可以读一读马尔科姆·格拉德威尔的《异类：不一样的成功启示录》。这本书解释了为什么比尔·盖茨，还有像"披头士"这样的组合能够获得成功，以及为什么很少会有真正的"一夜暴富"。格拉德威尔说人们获得的成功都是依赖于隐藏的优势、非凡的机遇和文化传统。如果你能在生活中追寻这些，并从中学习所有能学到的东西，吸收前人的丰富经验，做到"活到老，学到老"，你就会比大多数创业者都要成功。

第二件"小事"：认清自己

每个创业者都应该是独一无二的。如果你想要创建一家企业并塑造一个品牌，你必须认清自己。

玛格丽特·马克和卡罗·皮尔森合著的《很久很久以前：以神话原型打造深植人心的品牌》是另外一本值得创业者一读的好书。它能让创业者更好地了解自己和他们的企业。

书中为读者描述了神话传说和商场中存在的各种原型，建议创业者通过这些原型来打造自己的企业和品牌。下面列出了一些原型，通过这些原型的特征及其相应的座右铭，你能发现自己属于哪一种吗？

● **统治者**。这类人包括国王、王后、CEO、董事长、参议员、市长和超级厉害的足球妈妈[1]。统治者必须大权在握，但这并不是说他们会照顾别人。他们的本质是"控制狂"，认为自己应该制定规则并执行规则。IBM就是一个统治者类型的品牌。如果你属于统治者类型，你就会想到IBM。

统治者的座右铭是："力量不仅是一切，还是唯一。"

● **法外之徒**。这类人在主流社会结构之外寻找认同感。很多法外之徒天性浪漫，因为他们奉行更深刻、更真实的价值观。佐罗和罗宾汉就属于此类型。还有很多法外之徒是体制的反叛者。

像邦妮和克莱德[2]这样的法外之徒则属于浪漫的美国黑帮英雄，同时也是抢劫银行的罪犯。约翰·威尔克斯·布斯认为自己在刺杀林肯总统之后会成为英雄；相反，他成了美国历史上最引人关注的通缉犯之一。

很明显马克·扎克伯格也属于这一类型。2010年，史蒂文·利维在他的《黑客：计算机革命的英雄》中写道："扎克伯格将自己看成黑客。"扎克伯格本人也说："打破常规是很正常的，这是为了让事情变得更好。"现在，Facebook经常举办像"黑客马

---

[1] 最初指开车载着孩子去踢足球并在一旁观看的西方中产阶级妈妈们，后来引申为把家庭利益看得高于一切的强势女人。——编者注

[2] 美国历史上著名的雌雄大盗。——编者注

拉松"这样的编程竞赛,参赛者需要根据要求来编写程序并解决问题。Facebook还举办"黑客杯"大赛,获胜者会获得现金奖励。

法外之徒类型的人喜欢打破规则。可以说,大多数创业者或多或少都有一些法外之徒的性格。

法外之徒的座右铭是:"规则就是用来被打破的。"

● **关怀者**。这类人通常是那些从事医疗保健、特别护理、临终关怀、康复治疗和制药等行业的人。

属于关怀者类型的组织和企业包括红十字会、梅奥医学中心和强生公司。具有医学方面天赋的创业者会开诊所、创建家庭医疗保健公司,以及开展全民健康活动。

关怀者的座右铭是:"老吾老以及人之老,幼吾幼以及人之幼。"

● **英雄**。这类人具有很大的勇气。军人、警察和消防员都属于这种类型。

英雄的座右铭是:"有志者,事竟成。"

● **天真者**。纯洁和救赎是这类人最大的特点。传教士和救世军都属于这一类型。肥皂品牌"象牙雪"(Ivory Snow)就是这一类型的代表,把纯洁、天真和干净作为产品的卖点。圣杯、圆桌骑士和带着白色围栏的可爱小房屋都是这种类型的产品。

天真者的座右铭是:"敞开心扉,做回你自己。"

● **爱人**。这类人的特点是追求浪漫和爱情。"维多利亚的秘密"(Victoria's Secret)这一内衣品牌正是这一真实写照。哈根达斯冰激凌属于这一类型的食品品牌。很多流行歌手都是典型的爱人类型，比如詹妮弗·洛佩兹和碧昂斯。

爱人的座右铭是："我的眼里只有你。"

- **探险家**。这一类型的人追求独立。巴塔哥尼亚服装（Patagonia）和乐斯菲斯（The North Face）都是这一类型之下的品牌。登山者、徒步旅行者、航海家和热衷旅游的人都属于这种类型。

探险家的座右铭是："拒绝束缚。"

- **小丑**。这类人以快乐著称。喜剧演员明显属于这一类型。啤酒商往往通过滑稽的电视广告来吸引客户。新兴的网络公司——比如多年前的谷歌和雅虎——往往也走这一路线。

小丑的座右铭是："娱乐至上。"

- **普通人**。这类人的特点就是普普通通，好人一个。平易近人的政治家就属于这一类型。西部乡村音乐、社区街坊活动和企业工会往往会吸引这一类型的人。

普通人的座右铭是："人人生而平等。"

- **贤者**。这类人属于像老师一样的人。唐纳德和清崎都属于这一类型。其他属于贤者类型的人有甘地、爱因斯坦、苏格拉底、孔子和奥普拉。就像你发现的那样，不同的人对"贤者"的定义不同。但所有的贤者都充满信心，相信人们可以通过学习得到成长，相信未来的世界会更美好。

贤者的座右铭是："真理使人自由。"

现在，你已经了解了不同的原型，问自己下面两个问题：

- 我属于哪一种类型？

- 我应该如何利用我的特质来创建自己的企业？

这两个问题的答案对于你选择进入哪个行业至关重要。

第三件"小事"：为获得资产而工作

拥有点金术的创业者不为金钱而工作，而是为创造或获得资产工作。如果你把从本书中学到的知识精简为一句话，那就是："专注于资产，而不是金钱。"

大多数创业者并没有意识到财富并不是通过打工获得的，而是通过资产创造的。比如，大多数人都知道唐纳德以其名下的物业出名，他拥有很多豪华公寓、高尔夫球场和赌场，这些都是他的资产。但物业不是他唯一的资产，唐纳德录制的电视节目《飞黄腾达》也是一项资产。这本书也是唐纳德和清崎共有的一笔资产。

清崎的企业也创造资产，比如游戏、课程和畅销全球的图书。另外，他的房地产和石油生意每个月也都为他赚取大笔金钱，这些都是他的资产。

大多数 S 象限中的创业者都为金钱工作，这也正是为什么他们只拥有工作而不拥有企业的原因。大多数情况下，如果他们停止工作，收入也随之中断。如果你有志于创建一家位于 B 象限或 I 象限的企业，你必须创造资产。它是将 S 象限的创业者和 B 象限的创业者区分开来的重要标志。

第四件"小事"：别把圆钉子钉在方孔里

太多的企业都将优秀的人才放在了不恰当的位置上。在工业时代，人对公司而言并不重要。因为此时的创业者要做的事情就是建立流水线，雇用工人并训练他们拧螺栓、装配轮胎。换句话说，决定生产效率的是生产线而不是人。在信息时代，情况有所不同，人开始发挥重要作用。这个时代成功的关键不再是高速运转的流水线，而是高效工作、向着同一个目标努力的人。

工业时代，一粒落到机器缝隙里的沙子可能会导致整个流水线关闭。信息时代，落入人类思维中的沙子则可能导致整个企业停产。比如企业里蔓延的负面情绪，它就和落到机器里的沙子一样。

如果你的企业里有两个员工每小时要跑100英里，有三个员工每小时只需跑20英里，还有一个员工完全神游天外，这肯定会令大家不满。对于一个项目来说，如果一个人想尽快开始行动，而其他人却想做更多的研究再进一步讨论这个项目，这也会让一些人产生不满。这些不满会拖企业的后腿，并导致所有的事情都停滞不前，包括你的点金术。

人不是机器。每个人的工作速度有快有慢，你不能像踩油门一样去要求一个人一下子达到你的要求。在大多数情况下，如果你逼迫员工加快速度，工作效率反而会下降。

已经习得点金术的创业者意识到了这一点。他们会深入地了解自己，组建互补且齐心协力的合作团队。

清崎最喜欢使用"科尔比指数"来了解自己和他的员工。尽管有很多人格测试模型，科尔比指数却是对创业者而言最有效的。它主要衡量人的三个方面：思考、感觉和行为。

（1）思考：即智商，用于衡量一个人思维活动高低的指数。

（2）感觉：个人的感情、欲望、态度、偏好和价值观的反映。

（3）行为：一个人的直觉、天赋、动力和精神力量。

漫画里的大力水手经常说："我就是我。"科尔比指数能测试出你到底是谁。对自己的深度了解能让你发挥出全力，然后找到那些和自己互补的人，他们就是你的企业所需的人才。一旦你了解了团队成员的科尔比指数，你就能为人才安排合适的岗位。

但是，企业往往安排员工做不适合他们的工作。企业雇用一个项目经理，却要他去做销售代表；或是雇用了一个销售代表，却希望把他培养成一名管理者；甚至有时候完全找错了对象，招进来的员工根本就不适合这家企业。在雇用员工之前，你最好了解他到底是一个什么样的人。

为了了解自己，你可以做一个在线的科尔比指数测试[①]。只需花费很少的金钱和时间，你就会立刻获得有关自己行为模式的宝贵信息。然后，你再邀请团队成员也来测试一下。它会为你的企业带来很多有价值的信息。

科尔比指数的发明人凯西·科尔比认为，每个人都有四种

---

① 网址为 www.kolbe.com。——编者注

不同的行为模式。依据每种行为模式的分数，你会发现自己的强项。这一指数还会告诉你如何发挥自己的强项并组建一个高效协作的团队。

员工不能选择自己的同事，但创业者却可以。创业者最重要的工作就是选择和谁一起工作。不幸的是，很多创业者会犯下"雇用和自己有同样优点的人"这一错误。

创业者一般会在"快速行动"（Quick Start）这一行为模式中获得很高的分数。但是，如果企业的员工全是这一类型，他们会很快投入工作，但是很少会坚持到最后。这会导致出现客户投诉、记录不完整、缺少必要的程序等情况。

相反，一家全部由"调查狂人"（Fact Finder）组成的企业如果希望高效开展行动，它的老板则会失望。无论这些人搜集多少信息，他们总是觉得还不足以采取行动。

点石成金的步骤

到现在为止，你已经学习了修炼点金术的重要原则。和生活中其他事情一样，点金术也需要你付出很多努力。对我们而言，合法地赚取财富不是一件简单的事情。

以下是你从 S 象限进入 B 象限或 I 象限所必须遵循的四个重要步骤，我们称之为"点石成金四步骤"。

1. 商业化

为了使企业进入 B 象限，S 象限的创业者必须找到将他们的事业商业化的方式。

以下是一些具体例子：

- 歌手录制歌曲然后出售。
- 私人教练录制 DVD 并通过电视广告销售。
- 专家通过博客分享自己的知识，然后从赞助商那里获得收入。
- 程序员编写新的应用软件并销售给客户。

记住，你的天赋能让这个世界变得更好，而你的企业能将你的天赋带给更多的人。商业化运作可以帮你实现这些。你不可能独自完成所有工作。一天只有 24 小时，你越努力工作，缴的税就越多。

问问自己："我怎样才能利用我的天赋造福更多人？"

2. 扩张

如果你的企业位于像纽约、伦敦或上海这样的大城市，它就很容易扩张到全球。唐纳德的奢侈品生意遍布全球，清崎也著有全球畅销的图书。S 象限中的企业往往会遇到扩张问题。很多时候，S 象限中的人是专业人士，比如医生、律师、房地产经纪人或按摩理疗师。从事这些职业的人通常必须具备从业许可证。如果他们在别的城市或国家无法获得从业许可证，就不能在当地开展业务。通过扩张，一个 B 象限中的企业家可以把生意扩展到世界各地，他也可以在任何地方工作。

问问自己："为了让我的企业扩张到全世界，我必须做些什么?"

3.具备可预测性

企业的可预测性越强,它就越有价值。企业需要预测利润、开销、增长和未来的规模。本书提到的很多知名企业都非常擅长预测。在某些情况下,上市公司经常被要求进行某些预测。"预测"是你在市场报告中经常听到的一个词,比如"苹果公司业绩超出预期,股价居高不下"。

可预测性也意味着品牌体验的一致性。麦当劳当属这方面的最佳典范。无论你身处世界何地的麦当劳,你获得的服务、口味和环境都是可以预测的。小企业的一个问题就是创业者即企业,如此一来便大大降低了企业的可预测性。如果创业者本人生病、受伤或年老体衰,企业将会怎么样?

一旦企业持续经营的能力受到质疑,可预测性也就无从谈起。可预测性不仅仅是锦上添花,它对保证企业的融资至关重要。

问问自己:"我的企业离具备可预测性还有多远?为了实现这一目标我必须做什么?"

4.值得投资

一旦企业证明了自己强于其他企业(找到了"决定成败的小事")且具备可扩张性,投资人就会开始关注这家企业。当企业具备可预测性后,其发展道路就不会有任何阻碍。这就是为什么沃尔玛、麦当劳、苹果、微软和谷歌是股票市场上的常胜将军的原因所在。

问问自己:"我是否已经做好了所有让我的企业值得投资的准备工作?如果还没有,我还需要做些什么?"

最重要的小事

在创业者打造企业的过程中,有一件小事是不容忽视的,那就是成为能为人们提供工作、安全感、福利和光明未来的雇主。这也是想具备点金术的企业家需要认真对待的责任。失业不仅会对员工的精神造成,还会影响他们的家庭生活。越来越高的失业率还会影响我们的社区、国家乃至整个世界。

优秀企业家认为,衡量成功的标准与财富的多少和房子的大小无关,却和他们创造的就业机会有关。想一想像史蒂夫·乔布斯这样的企业家,他不仅让苹果公司创造了无数的就业机会,还让为苹果公司生产配套产品的企业提供了成千上万的工作岗位。这就是点石成金的企业家!

开始行动吧,让世界变得更美好是每一个企业家的责任。

要点和行动

- 去发现企业中对你而言是小事但对顾客来说却可能是大事的事情。发现你的天赋！
- 选择你的战术及让战术成功的战略。记得要简单,要利于执行。
- 你的工作重心应该放在企业使命和 B-I 金字塔 8 大要素上。
- 点金术要求自律。你可以是一个反叛者,但要记住,想成为成功企业家的反叛者在个人责任、财务需求和企业责任等方面的自律性要高于常人。
- 乐于分享你的能量和成功。让其他人参与其中并回报他们。点金术不是独角戏,它需要团队合作。
- 高瞻远瞩,从大局着眼,然后追寻梦想。你会为自己的成就感到惊讶。
- 如果一件事情值得去做,你就要坚持到底。在创业路上你会遇到很多阻碍,不要放弃,排除万难,争取胜利。
- 不要拖延。如果你在工作中没有愿景与计划,也缺乏执行力，这样你会离成功越来越远。

- 发现真实的自己，雇用在能力和行为模式上和自己互补的人为企业工作。
- 学习成功企业和成功企业家的经验，了解决定成败的小事，做好"活到老，学到老"的准备。
- 在打造一家企业时，要让它可以实现商业化，拥有扩张的可能性，具备可预测性，而且能筹措到资金。
- 记住，一个企业家能带给世界的最好的礼物就是提供就业机会、安全感和福利。
- 这个世界需要更多的创业者，大家都需要你。

迅速提高财商的三个方法

方法一：阅读"富爸爸"系列书籍

财富观念篇
《富爸爸穷爸爸》
《富爸爸财务自由之路》
《富爸爸提高你的财商》
《富爸爸女人一定要有钱》
《富爸爸杠杆致富》
《富爸爸我和埃米的富足之路》

财富实践篇
《富爸爸投资指南》
《富爸爸房地产投资指南》
《富爸爸点石成金》
《富爸爸致富需要做的6件事》
《富爸爸穷爸爸实践篇》
《富爸爸商学院》
《富爸爸销售狗》
《富爸爸成功创业的10堂必修课》
《富爸爸给你的钱找一份工作》
《富爸爸股票投资从入门到精通》
《富爸爸为什么A等生为C等生工作》

财富趋势篇
《富爸爸21世纪的生意》
《富爸爸财富大趋势》
《富爸爸富人的阴谋》
《富爸爸不公平的优势》

财富亲子篇
《富爸爸穷爸爸（少儿彩图版）》
《富爸爸发现你孩子的财富基因》
《富爸爸别让你的孩子长大为钱所困》
《富爸爸穷爸爸（漫画版）》

财富企业篇	《富爸爸如何创办自己的公司》
	《富爸爸如何经营自己的公司》
	《富爸爸胜利之师》
	《富爸爸社会企业家》

方法二：玩《富爸爸现金流》游戏

风靡全球的《富爸爸现金流》游戏浓缩了《富爸爸穷爸爸》一书的作者——罗伯特·清崎三十多年的商界经验，让我们在游戏中模仿和体验现实生活的同时，告诉游戏者应如何识别和把握投资理财机会；通过不断的游戏和训练及学习游戏中所蕴含的富人的投资思维，来提高游戏者的财务智商，最终实现财务自由。

方法三：关注读书人俱乐部微信

北京读书人俱乐部微信公众号由北京读书人文化艺术有限公司运营，为"富爸爸"读者提供符合富爸爸理念的各种理财资讯、产品和工具。读书人文化是一家专业图书策划与出品公司，一直致力于为读者提供幸福生活的知识。从2000年成立至今，读书人文化已在投资理财、文化生活和少儿教育三个领域确立了自己的文化理念和品牌，先后策划出品了"富爸爸穷爸爸"系列、《谁动了我的奶酪》《金字塔原理》《空谷幽兰》《中国的品格》《莲花次第开放》《一心一意来奉茶》《小狗钱钱》《儿童自我成长小百科》等优秀图书。同时，公司也以自身积累的图书和作者等优质文化资源为载体，不断拓展相关衍生产品与服务，如培训讲座、投资工具和影视作品等。读书人文化将秉承"读书人当为天下爱书人服务"的理念，用更多优秀图书和产品，助力读者的财务自由与心灵自由之路。

readers-club
扫码关注读书人俱乐部
获取更多相关资讯

读书人淘宝店
扫码关注读书人淘宝官方品牌店
获取更多优惠信息

《富爸爸穷爸爸》

作者：〔美〕罗伯特·清崎

ISBN：978-7-220-10291-2

定价：48.00元

世界上绝大多数人奋斗终身却不能致富，因为他们在学校中从未真正学习关于金钱的知识，所以他们只知道为钱而拼命工作，却从不学习如何让钱为自己工作……

——罗伯特·清崎

清崎有两个爸爸："穷爸爸"是他的亲生父亲，一个高学历的教育官员；"富爸爸"是他好朋友的父亲，一个高中没毕业却善于投资理财的企业家。清崎遵从"穷爸爸"为他设计的人生道路：上大学，服兵役，参加越战，走过了平凡的人生初期。直到1977年，清崎亲眼目睹一生辛劳的"穷爸爸"失了业，"富爸爸"则成了夏威夷的有钱人。清崎毅然追寻"富爸爸"的脚步，踏入商界，从此登上了致富快车。

清崎以亲身经历的财富故事展示了"穷爸爸"和"富爸爸"截然不同的金钱观和财富观：穷人为钱工作，富人让钱为自己工作！

《富爸爸穷爸爸实践篇》

作者：〔美〕罗伯特·清崎 〔美〕莎伦·莱希特

ISBN：978-7-220-10300-1

定价：48.00元

  如果你的投资已经没有任何价值，如果你已经厌倦了那些陈词滥调的财务建议，如果你担心自己要无休止地工作下去，永远无法退休，或者，如果你只是想多花一些时间来陪陪家人，那么你可以从本书中找到答案。

——莎伦·莱希特

  1999年4月，《富爸爸穷爸爸》在美国出版，仅仅半年时间就创下100万册的销量。2000年3月，韩语版面市；2000年6月，登陆澳大利亚；2000年9月，简体中文版面市，连续两年半名列畅销书排行榜前10名……一时间，全世界范围内掀起了一股"富爸爸"热潮，无数的读者因为实践"富爸爸"的建议，获得了经济上的成功！

  本书是《富爸爸穷爸爸》的实践篇，书中选取了22个具有代表性的成功案例，既有初次创业者，也有失业者、退休者，甚至是事业的失败者和破产者。他们现身说法，讲述自己的创富故事，为你展示如何一步一步地走上财务自由之路！

《富爸爸财务自由之路》

作者:〔美〕罗伯特·清崎 〔美〕莎伦·莱希特

ISBN:978-7-220-10295-0

定价:45.00元

  为什么有的人可以用较少的劳动获得较多的收入?为什么有的人可以享受比别人更多的财务自由?也许是因为他们明白何时从何种象限开始工作……本书旨在帮你选择一个新项目、新目标及新的财务前景。

——罗伯特·清崎

  清崎上完大学,有了一份稳定的工作,这是"穷爸爸"一直以来对他的期望;但他牢记"富爸爸"的话,"只有实现了财务自由,才能拥有真正的自由"。于是他毅然辞去工作,走上了投资和创业之路,在47岁时实现了财务自由。从此,他再也不必朝九晚五地被动工作,再也不必量入为出,他可以自由地做自己爱做的事,因为投资会为他带来源源不断的现金流。

  书中归纳出了4个现金流象限:雇员、自由职业者、企业主和投资人,只有具备投资人和企业主的技能,才更容易致富;详细介绍了这些观念和技巧,把投资人细分为7个等级,帮你看清自己的财务状况;更列出了7个完整的步骤,指引你走上财务自由之路。

《富爸爸财富大趋势》

作者：〔美〕罗伯特·清崎　〔美〕莎伦·莱希特

ISBN：978-7-220-10296-7

定价：46.00元

只有那些在财务上适应能力较强、财商较高的人才能生存下来。只有那些对这一切有所准备的人才能获得成功。

如果没有接受过财商教育，可能就需要更多的资金才能致富，也可能需要更多的资金才能保持富有。财商越高，致富需要的资金就越少；财商越低，致富需要的资金就越多。

——罗伯特·清崎

在富爸爸看来，人们应对不可知的未来主要有3种方式：穷人指望子女或者政府帮助自己度过余生；中产阶级把钱存入银行、购房保值、投资退休金计划等，甚至把未来的财务保障押在变幻莫测的股市上；富人则购买能带来现金流的资产，让钱为自己工作，持续创造财富以应对未来的变化。

本书中，清崎讲述了富爸爸对他的财商教育，向你传授掌控风险的8种理财智慧，提高你的财商；教你准确把握经济发展形势，明辨优劣资产，巧妙防范金融风险，从容应对市场变化；升级你的理财技巧，让钱为你工作，获得财务上的真正自由。不管你是想改变入不敷出的财务状况，还是想保护自己的财产，甚至是提高投资层次，都能在本书中找到发人深省的启示和高效实用的建议，一跃成为掌控未来的财务高手！

图书在版编目（CIP）数据

富爸爸点石成金 /（美）唐纳德·特朗普,（美）罗伯特·清崎著；宋宏宇，李君译. — 成都：四川人民出版社，2017.10（2018.6 重印）
ISBN 978-7-220-10375-9

Ⅰ.①富… Ⅱ.①唐… ②罗… ③宋… ④李… Ⅲ.①企业管理-通俗读物 Ⅳ.① F272-49

中国版本图书馆 CIP 数据核字（2017）第 230241 号

Midas Touch
Copyright © 2011 by Donald J.Trump and Robert T. Kiyosaki
This edition published by arrangement with Rich Dad Operating Company, LLC.
版权合同登记号：图进 21-2017-503

FUBABA DIANSHICHENGJIN
富爸爸点石成金

〔美〕唐纳德·特朗普 〔美〕罗伯特·清崎 著 宋宏宇 李君 译

责任编辑	王其进
特约编辑	张 芹 赵 晶
封面设计	朱 红
版式设计	乐阅文化
责任印制	聂 敏

出版发行	四川人民出版社 （成都市槐树街2号）
网　　址	http://www.scpph.com
E-mail	scrmcbs@sina.com
新浪微博	@四川人民出版社
微信公众号	四川人民出版社
发行部业务电话	（028）86259624　86259453
防盗版举报电话	（028）86259624
照　　排	北京乐阅文化有限责任公司
印　　刷	三河市中晟雅豪印务有限公司
成品尺寸	152mm×215mm　1/32
印　　张	8.75
字　　数	169 千
版　　次	2017 年 10 月第 1 版
印　　次	2018 年 6 月第 4 次印刷
书　　号	ISBN 978-7-220-10375-9
定　　价	39.80 元

■版权所有·侵权必究

本书若出现印装质量问题，请与我社发行部联系调换
电话：（028）86259453